CW01656178

Le PARIS de Prévert

Photographie de couverture : Jacques Prévert vers 1927, © D.R.

© Éditions Alexandrines, 2015

31, rue Ducouëdic, 75014 Paris. Tél. : 01 45 44 21 40.

www.alexandrines.fr

LE PARIS DES ÉCRIVAINS

Danièle
Gasiglia-Laster

Le PARIS de Prévert

Éditions
Alexandrines

SOMMAIRE

LE RÊVE D'UN ENFANT

Ouvrir les portes de la nuit

Hier je suis passée devant la Gare de Lyon. Les feuilles mortes jonchaient le sol et l'illuminaient de couleurs fauves. J'ai pensé à toi. Je pense souvent à toi quand je me promène dans Paris. Tu la connaissais si bien, ta ville, ses détresses et ses beautés, de jour comme de nuit. Tu ne m'en veux pas, j'en suis certaine, de te dire « tu ». Toi-même avais donné l'exemple : « Je dis tu à tous ceux que j'aime ». Tes écrits et tes paroles, tes chansons, tes scénarios de films m'ont tellement accompagnée que j'ai l'impression de te connaître depuis longtemps.

Nous sommes en janvier 1907. Une chambre d'hôtel près de cette gare où je t'ai aperçu comme dans un rêve. André, ton père, a cherché vainement un emploi à Toulon et vous voilà de retour. C'est gris et sale. La chambre n'est pas chauffée mais il y a un poêle près du comptoir. Suzanne, ton « étoile de la vie », ta mère douce et forte, s'assoit près du feu avec Pierrot, né le 26 mai dernier, et Jean, ton aîné de deux ans. Tout le monde est aux petits soins avec Suzanne et avec le bébé. « On ne pouvait aller plus loin », dit-elle en souriant. André sort en murmurant : « Ni descendre plus bas ». Comme tu ressembles à ta jolie maman ! Il y a en vous une vitalité, un amour de la vie, une énergie qui se perçoivent immédiatement. Tu la regardes tendrement de tes yeux bleus pareils aux siens, tu embrasses délicatement la main de ton petit frère puis tu sors te promener dans le quartier.

Que de bruit ! Omnibus et fiacres passent à toute vitesse. C'est moins calme qu'à Toulon et après la douceur de l'hiver méridional, celui de la capitale t'apparaît comme un enfer de glace. Étourdi par le vacarme de la rue et transi, tu retournes vite à l'hôtel. Ton père revient un peu plus tard. Il semble plus détendu. « J'ai trouvé un logement rue de Vaugirard, au n° 7. Deux pièces au dernier étage, avec une petite cuisine. Les toilettes et l'eau courante sont sur le palier. » Tu réponds en souriant : « Ça permettra de faire très vite la connaissance des voisins. » André poursuit : « Et puis c'est clair. Tout à côté, il y a l'école. Jean et toi pourrez vous y rendre sans même traverser la rue ». Il ajoute enfin qu'il a trouvé « une situation ». Pas dans les assurances, comme précédemment, mais chez ton grand-père Auguste qui préside l'Office central des Œuvres de bienfaisance, 175 boulevard Saint-Germain. André a un petit rire en annonçant la nouvelle mais toi, qui le connais bien, tu trouves que ce rire est sans gaieté. Tu demandes à André ce qu'il fera. « J'irai visiter les pauvres pour savoir s'ils méritent qu'on leur vienne en aide ».

Je l'ai souvent observé ce 7 de la rue de Vaugirard, ton premier domicile parisien, regardé le dernier étage, attendu qu'un habitant des lieux ouvre la porte pour me faufiler dans la cour intérieure, contemplé l'escalier Louis XIII dont tu parles dans « Enfance » et qui ne semble guère avoir changé. Quand ton père disait qu'on pouvait autrefois le gravir à cheval, il me semble qu'il exagérait un peu. Toi, tu te contentais de le descendre en courant. La cour de l'école est de l'autre côté du mur.

Tu la voyais de chez toi. Si c'est l'heure de la récréation, on entend les enfants crier et rire. Alors je ferme les yeux et je vois un petit garçon avec un visage rond et des yeux bleus très vifs...

« Répétez », dit le maître. Les élèves commencent leur chant monotone : «Un et un deux, deux et deux quatre... » Tu es ailleurs. C'était tellement mieux quand ta mère t'apprenait à lire, à Neuilly ! Avec l'alphabet, bien sûr, mais aussi avec *L'Oiseau bleu*, *La Belle et la Bête*, *La Belle aux cheveux d'or* et d'autres contes merveilleux. « Monsieur Prévert ! » s'écrie soudain le maître en te tirant brutalement de ton rêve. « Toujours dans la lune, bien sûr ! » Il dit une évidence puisque la Lune, c'est ton amie, tout comme le Soleil. Quelle idée a donc eue ton père de te mettre à l'école ? C'est obligatoire, à ce qu'il paraît. On t'a même dit qu'à 7 ans il était grand temps. Temps de savoir compter et de compter le temps ? Qu'est-ce que ça peut te faire à toi que quatre et quatre fassent huit ou douze ? Tu attends avec impatience l'heure de la sortie pour aller au jardin. Le jardin du Luxembourg, où tu passes une partie de tes fins d'après-midi.

À toi la liberté ! Enfin, presque... tu n'as pas le droit de marcher sur l'herbe comme tes amis les moineaux. Tu désobéirais volontiers mais les gardiens sont là qui veillent. Alors tu joues ailleurs, près du grand bassin, ou dans les allées. Tu cours, tu ris, tu es heureux. C'est si bon de pouvoir aller et venir sans être obligé de se tenir tranquille sur une chaise de bois ! Mais avant la tombée de la nuit, c'est toujours pareil. Le son d'un clairon ou d'un tambour vient couvrir les cris joyeux des enfants et les conversations des promeneurs. Les portes du jardin vont fermer. Tu as mal chaque fois. L'impression qu'on te vole un peu de ton bonheur. Tu apprends que tout a une fin.

Tu n'oublieras pas ces grilles qui se referment sur la nuit, te privant du jardin. Ouvrir les portes de la nuit. Ouvrir les portes de l'infini. Rester dans le jardin avec la seule clarté de la lune. Un rêve d'enfant. Tu fermes les yeux, quand tu es chez toi, et les grilles du jardin s'ouvrent...

Paris misère

Évaluer le degré de misère des pauvres ! C'est bien une idée de ton grand-père ! Il nous faut le présenter, ce grand-père Auguste. Il est marguillier à Saint-Nicolas du Chardonnet, c'est-à-dire que, précisément, il tient le registre des pauvres qui ont droit à la charité paroissiale. Tu ne l'aimes pas. Il est toujours en colère contre un tas de gens qu'il appelle « tout ça » : les ouvriers, les femmes qui ne lui semblent pas convenables, les jeunes gens élégants, et bien d'autres. Tu l'as surnommé Auguste-le-Sévère. Auguste est royaliste et respecte scrupuleusement les préceptes et dogmes de la religion catholique. Il fustige ceux qui s'en écartent ne serait-ce qu'un peu. S'il avait vécu quelques siècles avant, il aurait été grand inquisiteur, celui-là !

Le jeudi, tu accompagnes André. Tu découvres une misère dont tu n'avais pas idée. Mais les pauvres essaient d'embellir leur pauvreté en mettant des fleurs aux fenêtres ou en donnant de jolis noms aux rues : « la rue de la Chine, la rue du Chat-qui-pêche, la rue aux Ours, la rue du Soleil, la rue du Roi-Doré ». Quand tu rendras hommage à Paris avec le photographe Izis, dans ce beau livre que vous avez appelé *Grand Bal du printemps*, vous choisirez de montrer surtout les quartiers populaires. Tu parles des clochards qui descendent la rue Mouffetard vers la rue Saint-Sauveur, « discutant le coût du pain et le goût de la vie », tu imagines la vie d'un homme aux pantalons maculés de peinture, photographié par ton ami. Assis sur le banc public d'un grand boulevard, la tête courbée vers le sol comme s'il portait tout le poids du monde, tu le vois comme une « statue de chair et d'os et de charpente usée » et tu devines qu'il a dû faire beaucoup d'heures supplémentaires. Tu n'oublies pas que la ville abrite hommes et femmes de toutes origines et tu rends hommage aux « étranges étrangers » qui y vivent si mal. Dans ce Paris des années 1950, nombreux, déjà, sont ceux qu'on appelle aujourd'hui les « sans domicile fixe » et Izis a photographié ces « fous de misère » endormis sur le pavé, près de la Seine ou sous les ponts. Pourtant, ce n'est pas le « tout-Paris » qui sait vivre, mais le peuple. Tu as une prédilection pour les bals populaires comme ceux de Vaugirard, de Charenton ou des Buttes-Chaumont et tu trouves que les « filles des bas quartiers » sont resplendissantes, d'une beauté plus rare que les « modèles » des magazines.

L'envers du décor

Dans les notes préparatoires à tes « Souvenirs d'enfance », tu défies le temps : « Le passé est toujours intact dans un moment du présent. Il est là. Le souvenir est seulement son ombre. » Prenons la merveilleuse machine de Wells et partons en voyage.

Nous revoilà en 1907. Comme chaque semaine tu vas au cinéma Panthéon avec tes parents et tes frères. Vous y amenez Pierrot car vous ne connaissez personne qui pourrait le garder. Tu te délectes avec les aventures de Gribouille, ce protagoniste d'une série tournée en Italie par le comique français André Deed ; tu aimes bien aussi le détective Nick Winter, et ce balourd de Rigadin qui a une drôle de coiffure à toupet et des yeux ronds. Ah ! j'allais oublier Za-La-Mort, bandit parisien élégant. Pour les westerns, un speaker habillé en cow-boy commente l'action. Et derrière l'écran, un homme imite les bruits. Il y a de la musique, aussi, jouée par un pianiste...

Aujourd'hui, au moment où vous arrivez devant la billetterie, André vous fait signe de passer d'un grand geste : « Les enfants d'abord ! » Tu ris sous cape car tu connais l'astuce. André donne au monsieur qui est derrière la guérite l'argent de deux places. « Et les enfants ? - Les enfants ? répond ton père étonné. Je ne les connais pas, moi, ces enfants... J'ai dit "les enfants d'abord !" parce que c'est ce qu'on dit habituellement ! »

André fait pour son plaisir de la critique cinématographique et théâtrale. Il aurait aimé être acteur et il se demande si toi tu ne pourrais pas réaliser ce rêve. Il est persuadé qu'avec ta forte personnalité, tu aurais un succès fou. Il t'emmène souvent au théâtre : il a ses entrées dans les grandes salles parisiennes. Ce soir, vous allez à l'Odéon, tout près de chez vous. On joue *La Mort de Pan* d'Alexandre Arnoux. André te fait visiter les coulisses mais tu es impatient. « Viens, papa, maintenant. Je ne veux pas rater le début ! »

Denis d'Inès joue le rôle d'un satyre. Il est plus gai que les autres. Son massacre final à coups de pierres t'attriste. L'acteur et ses camarades viennent saluer à la fin et le public applaudit. Tu demandes à André : « Alors, ils n'y croient pas ? - Si, mais ils sont contents, pour eux comme pour lui que tout soit fini ». Tu ne comprends pas. Quand tu lis un livre, quand on te raconte une histoire, les personnages sont vivants. Certes, les arbres ne sont pas de vrais arbres : tu as bien vu que des fils de fer tenaient les feuillages peints. Mais tu as tant pleuré, à la Comédie-Française, en voyant mourir Ophélie ! C'était le grand acteur Mounet-Sully qui jouait Hamlet. Shakespeare te plaît autant que les contes de fées.

Vous retournez à l'Odéon, pour *Les Danicheff.* André a déjà rendu compte de cette pièce de Pierre Newsky quand elle a été jouée à Paris en 1896. Il veut te la faire découvrir. Son personnage préféré est l'ancien moujik Osip, plus noble dans son cœur que la hautaine comtesse Danicheff. Tu te serais bien passé de *La Puissance des ténèbres* de Tolstoï, qui raconte une horrible histoire de meurtre d'enfant. Avant ou après le spectacle vous allez souvent, André et toi, prendre un verre et manger quelque chose. Au Café Voltaire, à la Chope de l'Odéon, ou au bistrot des machinistes, rue Racine.

Cinéma, théâtre et livres... Si ton éducation n'est pas conventionnelle, elle est susceptible de nourrir ton imagination. Hier tu es passé chez le bouquiniste. Celui qui est tout près de chez toi, rue de Vaugirard. Tu y trouves des brochures aux récits palpitants qui te font partir loin. *Morgan le Pirate*, *Sitting Bull*, *Rifle d'or*, *Texas Jack*, la collection « Vie d'Aventures » que tu dévores avec délectation. Mais tu aimes lire aussi les livres de ton père : *Le Juif errant* d'Eugène Sue, *L'Abbé Jules* d'Octave Mirbeau, *L'Homme qui rit* et *Les Misérables* de Victor Hugo, Zola...

Plus près du Luxembourg

L'année de tes huit ans, c'est-à-dire en 1908, vous déménagez au 4 de la rue Férou, pas loin. Dans l'immeuble, il y a une gardienne sympathique. Tu les aimes bien, les gardiennes.

« Monsieur Prévert ! Monsieur Prévert ! » Que se passe-t-il ? Elle est en train d'alerter tout l'immeuble. « Monsieur Prévert ! Monsieur Prévert ! - Oui, c'est bon, j'arrive. Quoi ? - Votre serpent est dans la loge ! - Faut pas avoir peur, voyons ! C'est Esculape ! » Tu récupères ta couleuvre et tu la ramènes chez toi. « Ne te vexe pas, Esculape... les locataires dans ton genre, c'est plutôt rare ».

André a l'idée saugrenue de t'inscrire, avec Jean, dans une autre école, rue Madame. Vous n'avez pas toujours les mêmes goûts et les mêmes idées avec ton grand frère mais sur ce point vous êtes d'accord : cette école est horrible ! Heureusement, tu peux aller au Jardin pour te consoler des moments assis sans bouger dans la classe sombre et triste. André vous amène souvent au musée du Luxembourg qui, à cette époque, présente des collections permanentes. Il vous montre *Le Chevalier aux fleurs* de Georges Rochegrosse – un homme en armure entouré de jolies femmes nues –, les œuvres des impressionnistes, et surtout une peinture qui lui plaît particulièrement, *Le Pauvre Pêcheur* de Puvis de Chavannes. Tu trouves qu'il lui ressemble. Tu continues à lire en empruntant des romans à la Bibliothèque municipale de Saint-Sulpice. Mais décidément, Jean et toi vous ne supportez pas la nouvelle école. Tu as même eu un accrochage avec le maître parce que tu bavardais avec ton voisin. Tu racontes ça : « Il s'est mis à crier : "Prévert, voulez-vous vous taire ?". J'ai répondu : "non !" ». André trouve que tu n'as pas été diplomate mais tu as tes arguments : « Il n'avait qu'à me dire, taisez-vous ! Je me serais tu. J'aurais pris ça pour un ordre. Là, il me posait une question et je lui ai répondu franchement. » Ton père rit - il est toujours émerveillé par tes reparties - et conclut : « Tout ça pour un point d'exclamation ! » Tu joues déjà sur les mots et à ce jeu-là beaucoup d'adultes ne peuvent déjà plus rivaliser avec toi.

Quelques jours plus tard, André entre triomphant à la maison : « J'ai trouvé une nouvelle école pour vous ! Avec une grande cour ensoleillée, des arbres, c'est très lumineux ». Mais quand il ajoute : « c'est une école libre », tu es inquiet car tu sais ce qu'on entend par là. D'autant plus que c'est Auguste-le-Sévère qui l'a conseillée. « Ce ne sont pas les prêtres qui font la classe ! », précise André. Comme tu aimes plaisanter, tu réponds : « Dommage, on aurait bien rigolé ! ».

L'École André Hamon, est située au 68 de la rue d'Assas. Tu reconnais qu'elle est bien mieux que la précédente. Il est vrai qu'elle est ensoleillée et le catéchisme n'a lieu que le dimanche. Les aventures mouvementées des dieux de l'Olympe te paraissent plus palpitantes que celles de Jésus et de ses apôtres.

Au moins il y a des déesses ! Tu les imagines plus belles les unes que les autres, comme les statues antiques des musées ou des livres d'Histoire. Belles comme les modèles que tu vas voir dans le passage, tout près de l'école, où il y a des ateliers d'artistes.

Tu n'es pas du genre à beaucoup t'appliquer mais tes notes sont au-dessus de la moyenne en orthographe, en rédaction et en lecture. Malgré des résultats faibles en calcul, il t'arrive d'être au tableau d'honneur. Pourtant, tu n'aimes décidément pas l'école. Heureusement, il y a les vacances, celles de Noël par exemple.

Le clochard fastueux et le vieillard ennuyeux

La neige tombe lentement, à peine caressée par le vent. La rue Férou, vêtue de blanc, semble irréelle. On entend les voix des passants qui se rendent à la messe de minuit, à Saint-Sulpice. Ils parlent doucement, comme si la neige les intimidait mais parfois un rire leur échappe et vient percer le silence.

Tes frères et toi, vous auriez aimé avoir des cadeaux mais le père Noël n'est pas venu. André a tout de même cassé la tirelire « pour cause de nécessité immédiate » et il est sorti pour rapporter de quoi faire une petite fête. Il n'est toujours pas là. Vous avez l'habitude. Un vrai personnage de roman, ce papa. Il disparaît parfois quelques jours et tu te demandes pourquoi on appelle les femmes le sexe faible. L'être fort, dans le couple de tes parents, c'est ta mère. Elle maintient la bonne humeur en toute circonstance. Suzanne suppose qu'André a dû faire le tour des bistrots et qu'il a oublié le dîner. Vous l'aimez mais parfois vous le souhaiteriez un peu moins imprévisible et fantasque. Suzanne a fait son possible pour préparer un semblant de réveillon : des salades et un cake en boîte. Ce n'est pas un festin mais c'est proposé avec tant d'amour ! Tu la regardes avec tendresse et tu dis : « Maman, c'est une fée ». Soudain, trois coups de sonnette retentissent, comme les trois coups au théâtre. C'est lui. Il n'est pas seul. Quelle pièce va-t-il vous jouer avec ce partenaire ? C'est un clochard, un peu gêné de se retrouver là et d'y tomber comme un flocon. « J'ai rencontré monsieur, qui mendiait place Saint-Sulpice, devant l'église, sous la neige. Je lui ai proposé : "Venez chez moi il y a toujours le couvert du pauvre" ». Tu murmures : « Tiens, voilà papa qui cite Dickens... ». Suzanne explique à André qu'il était censé apporter le dîner et qu'il n'y a rien à offrir à l'invité surprise. Alors, comme le magicien de Rossini dans *La Cenerentola*, le clochard sourit et sort une baguette magique. Enfin... c'est presque ça. Il plonge la main dans sa poche pour y trouver de l'argent. « Mais vous n'y pensez pas, dit André, ce serait le monde à l'envers ». Le clochard insiste et sort avec ton père. Rue Servandoni, tout près de chez vous, il y a encore des boutiques ouvertes.

Ils reviennent les bras chargés de victuailles et le réveillon se transforme en fête fastueuse grâce à cet homme qui semble surgi, comme Suzanne, d'un conte de fées. Peut-être était-ce le Destin habillé en clochard, comme le personnage énigmatique imaginé par toi pour le scénario des *Portes de la nuit*... Je le vois. Il a la tête de Jean Vilar et joue à votre intention *Les Feuilles mortes* avec son harmonica. Oui, je sais, c'est beaucoup trop tôt dans la chronologie. Mais qu'importe. Ne sommes-nous pas en plein rêve ?

Pour le jour de l'an, c'est autre chose. Vous allez chez Auguste-le-Sévère, rue Monge. Tout est briqué, astiqué. Grand-père Auguste et grand-mère Sophie se sentiraient déshonorés si on découvrait le moindre élément qui ressemble à de la poussière. Tu te demandes bien pourquoi puisque grand-père aime tant la Bible ! Il lui arrive souvent de dire d'un ton lamentable : « Poussière, tout n'est que poussière et tout retombera en poussière ! » Un jour tu lui as répondu : « Tu parles comme un aspirateur ! » et il était furieux. Je brode un peu mais c'est fort possible : c'est ce que répond au pape Pie XI qui cite ce même passage de la Bible, ton personnage du veilleur de nuit dans *La Crosse en l'air*. En octobre de cette année 1908, Auguste et Sophie ont écrit au pape précédent, Pie X, pour lui demander de bénir leurs quarante ans de mariage. S'ils avaient connu tes poèmes, ils auraient été épouvantés par ce petit-fils anticlérical et si peu respectueux du sabre et du goupillon.

Excellent cuisinier, Auguste a préparé le déjeuner. Mais quel besoin a-t-il d'expliquer ce qu'il y a dans les plats et comment il les a fait mijoter ? Sa conversation t'ennuie. Quand il se met à raconter ses voyages en Suisse - un de ses grands classiques ! - tu n'en peux plus. Vous avez droit aux horaires, aux moindres détails, même au prix des hôtels. Le soir, on attend minuit et tout le monde s'embrasse, même ceux qui se détestent. Coutume qui te semble saugrenue.

« Où s'en va-t-il tout ce sang répandu ? »

Les vacances sont trop courtes. L'école reprend. Tu préfères la rue. André est compréhensif. Il te fait un mot d'excuse permanent : quand tu es absent aux cours, explique-t-il, c'est que tu dois t'occuper de ta mère souffrante. Suzanne se porte comme un charme.

Tu ne portes pas de casquette sur tes photos d'enfant et pourtant tu me fais tant penser à Gavroche ! Je t'imagine, comme lui, faisant des pieds de nez à des bourgeois sévères, répliquant avec verve aux grandes personnes qui se permettent de te faire la morale, marchant les mains dans les poches en te faufilant partout, joyeux et triste à la fois, solidaire d'une petite mendiante gelée dans le froid de l'hiver, conscient des cruautés de la vie. Aujourd'hui, tu as abandonné la leçon de calcul et tu te promènes rue de Sèvres. Tu te livres à quelques-unes de tes occupations favorites : observer les passants, aller dire quelques mots au mendiant qui joue de la guitare sur le trottoir, regarder les nuages dans le ciel. Ton regard est attiré par un travailleur du bâtiment qui répare un toit. Il glisse. Ça se passe très vite. Bruit sourd. Une flaque de sang. Tu sens ton cœur faire des bonds dans ta poitrine et tu as envie de crier à la place de celui qui ne peut plus crier.

Un autre jour, tu vois un chien errant courir sur les rails au moment où passe le tramway. Ensuite plus rien qu'une forme sanglante. La vie n'est pas toujours un conte de fées, et les clochards merveilleux comme celui du réveillon de Noël ne se rencontrent pas à tous les coins de rue. Tu remarques que souvent, les malheureux se taisent parce qu'ils en ont trop à dire pour pouvoir le dire.

Il est probable que tu aies assisté, enfant, à la triste scène que tu décris dans *Place du Carrousel*. C'est l'été. Le soleil, qui va bientôt se coucher, empourpre les nuages. Tu te promènes comme à ton habitude mais une vision d'horreur soudain t'immobilise et te glace. Du sang encore. Celui d'un cheval. Le charriot qu'il tirait a été accidenté et un de ses pieds a été arraché. Tu es saisi par la dignité de cet être qui souffre en silence, debout, et tu ne peux pas retenir tes larmes. Le mot qui te vient à l'esprit : « Fraternité ».

De la rue de Tournon à la rue du Vieux-Colombier

En 1910 vous déménagez encore, pour le 5 de la rue de Tournon, toujours dans le quartier. Comme d'habitude, c'est au dernier étage que vous vous installez. « C'est bon pour la santé de grimper les escaliers ! » a dit André. Tu te fais vite des copains. Sur le même palier vit la famille Tiran. La mère est amusante. Elle vous raconte des histoires de la Commune. Il paraît qu'on la traitait de pétroleuse à cette époque. Elle t'explique, qu'après l'incendie de l'Hôtel de ville de Paris du 24 mai 1871, on a affublé de ce terme les femmes qui ont pris part aux combats armés. Tu la regardes étonné. Toi, tu les aimes bien les femmes. Tu ne comprends pas qu'on puisse les insulter ou les sous-estimer. Elle a trois fils. Maurice, modeleur rue Racine, André, qui règle souvent ses comptes avec les « flics » du quartier Saint-Sulpice en les assommant avec une brique ou un fer à repasser cachés dans son écharpe ; mais c'est la voix d'Henri qui te restera en mémoire, cette voix qui un jour, prononce ces mots magiques : « raton-laveur »[1].

Au rez-de-chaussée tu fais la connaissance de Jean et de Roger Dienne. La mère donne des leçons

1. Ce « raton-laveur » est peut-être à l'origine du célèbre « Inventaire » : « Une pierre / deux maisons / trois ruines/ quatre fossoyeurs /un jardin / des fleurs // un raton-laveur.»

de piano. Ils ont six sœurs et tu ne rencontres pas tout de suite la plus jeune. Mais quand tu fais sa connaissance, vous sympathisez immédiatement. Elle s'appelle Simone.

On te baptise tard, à l'âge de onze ans, dans l'église Saint-Sulpice. Auguste a dû insister. On en profite aussi pour te faire passer ta première communion. Le repas a lieu chez les grands-parents, rue Monge. Le pâtissier qui doit apporter la pièce montée tombe dans l'escalier avec le gâteau : la statuette du communiant plonge dans la crème, les choux roulent par terre. Grand-père Auguste et grand-mère Sophie sont catastrophés. Au lieu de participer au désarroi général, André et toi allez arroser ça. Et l'après-midi, à Saint-Sulpice, tu donnes « de grands signes de béatitude, de sainteté et de délire mystique ». En réalité tu as trop fêté la pièce démontée. Ces détails croustillants apparaissent dans une note de tes souvenirs d'enfance. Mais comme si, en te souvenant de ce moment, tu étais à nouveau ivre de joie et d'alcool, tu dis un peu plus loin que c'est pendant ta « confirmation » que tu as manifesté ces signes de délire. À moins que tu aies passé baptême, communion et confirmation le même jour... Le curé vous a peut-être fait un prix de gros.

En 1912, après un court séjour dans un appartement de la rue Saint-Sulpice, vous vous installez au 7 de la rue du Vieux-Colombier. Vous y restez longtemps cette fois. Tu commences à connaître tous les coins et recoins de ce 6e arrondissement qui est un peu ton village. Si tu allais faire un tour dehors ? Tu es d'accord ? Il fait si beau !

Place Saint-Sulpice, les grandes tours que Victor Hugo qualifiait ironiquement de « grosses clarinettes » s'élancent dans le ciel bleu. Tout a l'air figé dans le froid mais le soleil te rend joyeux. Tu rencontres un chat gris aux yeux verts. Il est allongé et absorbe la chaleur des rayons. Tu le caresses doucement et vous échangez quelques mots et miaulements. Tu avances un peu vers la fontaine. Un pigeon s'est posé sur la tête de Bossuet. Ton père t'a expliqué qui était ce grand sermonneur. Encore un ami du Sévère.

Tu remontes par la rue Férou et tu vas rendre visite à ta copine la gardienne qui te prépare un chocolat chaud en te demandant des nouvelles d'Esculape. Puis tu ressors au moment où le soleil commence à décliner. Ton jardin est encore ouvert. Tu es heureux.

LA VIE DE BOHÈME

Le Bon Marché et une chanson rue Férou

Après ton certificat d'études, tu abandonnes l'école. Tu trouves un emploi au Bazar de la rue de Rennes et, un peu plus tard, en mars 1916, aux Grands Magasins du Bon Marché.

On te fait espérer que, si tu donnes satisfaction, tu deviendras « chef de rayon » mais, pour reprendre une expression que tu aimes bien, « tu t'en fous ». Dès la sortie du travail, tu vas traîner à Montparnasse, au Dôme ou à La Rotonde. Tu les trouves exotiques à souhait avec leur clientèle de peintres et de modèles, d'hommes et de femmes venus d'ailleurs.

Au Bon Marché tu as remarqué une jolie fille, Mlle Moginot, et tu la raccompagnes chez elle le dimanche. Tu la fais rire. Elle n'est pas insensible à ton charme, ce qui ne plaît pas à son père. La direction du Bon Marché est prévenue : la jeune fille ne retournera pas au magasin tant que tu y travailleras. Pour tromper la monotonie quotidienne et te faire quelques petits cadeaux, tu fais du « détournement d'objet » en te faisant expédier des paquets destinés à des clients. S'en est-on aperçu ? Toujours est-il qu'on te signifie ton congé sans te donner d'explications. Sur le registre des employés du Bon Marché, une main sans doute rageuse écrit ces mots : « Remercié le 14 août

1916. Retard à l'arrivée et ensemble de la conduite ne donnant pas satisfaction. Mauvais esprit. À ne pas reprendre ». Ce que tu traduiras parfois dans tes dialogues de films par « Mauvaise graine ! » Mais on sait bien, toi et moi, que les mauvaises graines donnent les plus belles fleurs.

La guerre qui a éclaté en août 1914 te fait horreur. Un de tes copains d'autrefois est revenu du front « complètement abruti ». Tu vois des mères pleurer, tu entends des conversations qui te révulsent, du genre : « Il est mort en héros, ses parents peuvent être fiers de lui ». Quand tu lis les nouvelles dans les journaux, tu frémis en apprenant que des milliers de jeunes gens meurent au combat. Ton frère Jean n'a pas l'âge de la faire, mais il succombe à une fièvre typhoïde à l'âge de 17 ans.

La mort partout. Tu erres rue du Four. Paris est triste comme toi. Tu entends un chant. « Adieu la vie, adieu l'amour, adieu toutes les femmes... C'est bien fini, c'est pour toujours, de cette guerre infâme... » Tu te rapproches et tu vois des soldats en permission qui manifestent. Ils se dirigent vers la place Saint-Sulpice. Un moment après ils entonnent *L'Internationale*. Tu te sens en sympathie avec ces hommes jeunes qui ne veulent ni mourir ni tuer et tu les suis. Des cris et des sifflets. La police envahit la rue, se jette sur les rebelles et les matraque. Tu cries ta révolte et ton dégoût. Des policiers s'avancent vers toi. Tu cours pour leur échapper mais ils te rattrapent place Saint-Sulpice et tu reçois une volée de coups. Tu es traîné au commissariat de la rue Danton et tu vois les policiers te mettre un rasoir dans la poche. Puis ils t'apportent une déposition déjà rédigée qu'ils te demandent de signer. Tu refuses. Les coups pleuvent. « Alors, tu signes, maintenant ? - Non ! »

Les coups pleuvent à nouveau. Mais tu ne signes pas.

Ils sont bien obligés de te relâcher car ils n'ont aucune charge contre toi.

La maison de la rue du Château et celle d'une amie des livres

Tourne le temps comme les feuilles mortes emportées par le vent. La maison de la rue du Château. C'est au numéro 54. Je la vois mais pourtant je ne l'ai jamais vue. Aujourd'hui, d'austères immeubles modernes ont pris sa place et celle d'autres vieilles maisons. Ils sont hautains et indifférents au passé qui dort dans l'ombre.

C'était en 1924, deux ans après la mort de Marcel Proust que tu n'avais pas encore lu. Le service militaire, dont tu étais revenu en 1922, t'avait conforté dans ton hostilité à l'armée, aux « Garde à vous ! » et aux « Présentez armes ! » De toute façon tu as toujours détesté les armes. Mais il t'avait au moins permis de rencontrer deux garçons peu ordinaires. Yves Tanguy, ce grand fou qui mangeait des araignées dans la chambrée, pour tenter de se faire réformer. Marcel Duhamel, que tu avais tellement amusé à ton arrivée à Istanbul par ton discours sur les colonels.

À votre retour à Paris, tu les avais présentés l'un à l'autre et vous formiez un trio inséparable auquel s'était ajoutée Jeannette Ducrocq, compagne de Tanguy. Ton frère, Pierre, devenu un jeune homme de 16 ans, se joignait souvent à vous.

Yves et toi vous aviez essayé de « gagner votre vie », expression qui vous faisait rire car votre vie, vous aviez envie de la vivre. Après quelques petits travaux sans intérêt et un court passage à l'Argus de la presse d'où vous aviez été renvoyés - vos coupures de presse aux abonnés étaient trop fantaisistes -, vous commenciez à désespérer. Heureusement, Marcel, comme Zorro, était arrivé et vous avait sauvés. Son oncle lui avait confié la direction d'un petit hôtel de la rue Pierre-Charron. Cet emploi lui assurait une relative aisance, et il envisageait de louer un logement modeste où il pourrait vous héberger.

Tu repères avec Yves, dans le 14e arrondissement, une ancienne boutique avec un appartement à l'étage. Marcel vient la visiter. Vous êtes d'accord tous les trois : ça fera l'affaire. C'est un peu délabré. Le rez-de-chaussée est composé d'une pièce d'environ 25 m^2 qui sera votre séjour. Dans le fond, il y a une petite courette où vous allez bâtir une sorte de chambre-atelier pour Yves et Jeannette. Marcel et toi vous vous installerez au premier ; ce sont des réduits qui font office de chambres mais vous avez chacun la vôtre. Dans la grande pièce du rez-de-chaussée, vous érigez une petite loggia sur pilotis : la chambre d'amis.

Te revoilà à Montparnasse ! La Rotonde est un de vos lieux de rendez-vous préférés.

J'aimerais que pour quelques instants nous avancions dans le temps.

Nous sommes en 1946. Un homme d'un âge avancé remonte la rue de l'Odéon. Il est vêtu d'un complet-veston en tweed gris et porte sur son crâne chauve un béret noir, un de ces « bérets français » dont Pierre et toi vous vous êtes moqué dans une séquence du film *L'Affaire est dans le sac*. Il a des lunettes rondes en métal, un air sévère. Il s'arrête au numéro 7 de la rue, devant une boutique. On peut lire à la devanture : Aux amis des livres. L'homme pousse la porte et une petite dame qui range des volumes lui demande si elle peut l'aider. « Adrienne Monnier est-elle là ? - Oui, Monsieur, elle est dans l'arrière-boutique. Qui la demande ? - André Gide ». La petite dame devient rouge, laisse tomber un des livres, le ramasse et bredouille : « Je vais la chercher, Monsieur ».

Quelques minutes après, la libraire se présente. « Monsieur Gide, que puis-je pour vous ? - On m'a dit que vous aviez le livre de Jacques Prévert... le fameux *Paroles*. - Oui, bien sûr ! J'en ai commandé cinq cents exemplaires et je crains de ne pas en avoir assez. - Il vous en reste un exemplaire pour moi, j'espère ? - Bien sûr, Monsieur Gide », dit la libraire avec un grand sourire.

Elle se dirige vers une petite pile de livres et en prend un qu'elle tend au visiteur. Il regarde avec curiosité la couverture : des lettres écrites à la main avec une peinture rouge qui coule un peu, sur fond de graffiti photographiés par Brassaï. L'air satisfait, il paye, salue poliment et s'en va. Si l'on en croit une des lettres qu'il t'adressera le 2 août 1947, il te lit avec enthousiasme : « Quelle joie de vous lire ! et surtout de vous lire à haute voix (un de mes "succès") devant un petit groupe d'amis choisis qui deviennent aussitôt les vôtres, comme je suis déjà depuis longtemps - et qui disent : "Encore ! Encore !... Bis !" »

Revenons aux années 1920. Tu as découvert la librairie d'Adrienne Monnier en 1923, avec Yves Tanguy. Adrienne ne se contente pas de vendre les livres : elle les prête, elle organise des lectures, des conférences, des rencontres, elle cherche des livres rares pour ses lecteurs. Sa librairie devient très vite un lieu connu des amoureux de la littérature et on y rencontre André Gide (un des auteurs préférés d'Adrienne, que nous avons vieilli prématurément pour le plaisir de le voir acheter *Paroles*), Paul Valéry, Jules Romains, Léon-Paul Fargue et bien d'autres.

Vous feuilletez quantité de livres, Yves et toi, mais l'un d'eux, *Les Chants de Maldoror* de Lautréamont retient particulièrement votre attention. Cette imagination libre de toute contrainte raisonnable et esthétique, cette violence, cette plongée dans un univers fantastique et fou vous enchantent.

Vous découvrirez aussi chez Adrienne avec délectation, deux ans après, *La Révolution surréaliste*. Vous êtes séduits par l'attention accordée aux rêves, à l'inconscient, au mystère, par le ton révolutionnaire des rédacteurs de la revue, leur originalité, leur insolence, leur regard brutal et sans conformisme.

Tu as rendu hommage à la libraire magnifique dans « La Boutique d'Adrienne », texte publié dans un numéro du *Mercure de France* qui lui était consacré. Sa librairie a survécu longtemps après sa mort (en 1955), et après la tienne. Maurice Imbert, dans les années 1980, la dirigeait encore avec la même générosité et le même amour des livres. Pourtant rien ne dure.

Aujourd'hui, lorsqu'on s'arrête devant le 7 de la rue de l'Odéon, on constate qu'un salon de coiffure a pris la place de la librairie. Comme celle de la rue du Château, la Maison des Amis des livres n'existe plus que dans les souvenirs.

Rencontre avec un homme aux yeux clairs et avec les Surréalistes

Un soir de 1925. Ce soir-là, Yves, Marcel et toi, vous avez envie d'aller dîner dans le bistrot qui se trouve entre le Select et La Rotonde, boulevard du Montparnasse. Votre ami Florent Fels, directeur de *L'Art vivant*, s'est joint à vous. Vous trouvez une table libre dans la salle bondée et vous vous installez. La table voisine est très bruyante.

Un homme aux grands yeux clairs, coiffé d'une casquette, attire ton attention. Il porte un complet gris à martingale et il tient à la main une badine, ces baguettes minces et souples qu'on utilise à l'époque en guise de canne. Soudain, il se lève et il invective quelqu'un. Tu ne comprends pas pourquoi et il t'agace car il agite sa badine avec affectation, il la tape sur la paume de ses mains, la manipule dans tous les sens. Tu commences à faire des réflexions ironiques à haute voix. L'homme te regarde de ses yeux clairs qui trahissent sa colère. Tu te lèves. Il s'avance vers toi. Florent pose sa main sur ton bras : « Fais pas ça... » Il s'empresse de faire les présentations. « Robert Desnos... - Le Desnos qui écrit dans *La Révolution surréaliste* ? - C'est lui. » Tu serres chaleureusement la main de l'homme aux yeux clairs. Florent Fels te présente également au peintre Malkine. Tu as vu aussi son nom dans la revue. Vous rapprochez vos tables.

Au bout de quelques minutes, il te semble connaître Robert depuis toujours.

Par la suite vous prenez l'habitude de faire des promenades dans Paris. À partir de 1934, il habite au 19 de la rue Mazarine, à l'angle de la rue Dauphine, et tu vas fréquemment le voir. Tu l'accompagnes quand il va demander au patron du Catalan, petit restaurant de la rue des Grands-Augustins, des déchets de viande pour ses chats. Vous parlez beaucoup. Vous n'êtes pas d'accord sur tout et parfois vous élevez un peu la voix. Mais ça se termine en éclats de rire. Comme toi il aime la vie et il parle aux astres et aux animaux. Il vous arrive de boire beaucoup, au comptoir d'un bistrot de la rue Saint-Merri ou au Cyrano de Montmartre et de vous retrouver sous la table ou affalés dessus. « À ta santé, Robert ! - À ta santé, Jacques ! »

Desnos et Malkine emmènent très vite rue du Château les membres du groupe surréaliste auquel vous ne tardez pas, Yves, Marcel et toi, à vous intégrer. La vieille maison devient un des principaux lieux de réunion. Benjamin Péret et Raymond Queneau viennent même s'y installer. Tu les aimes beaucoup tous les deux. Avec Benjamin Péret, vous « bouffez » constamment du curé, et le malheureux en soutane qui croise votre chemin se voit pris à partie par vos quolibets, vos « croa croa » accompagnés de vos imitations du corbeau déployant ses ailes. Raymond Queneau est encore étudiant. Marcel Duhamel le décrit « d'un naturel déconcertant, doux comme un agneau et timide comme une jeune fille ». Il est grand, porte des lunettes et quelques cheveux épars sur le front. Malgré sa réserve, il éclate fréquemment d'un rire tonitruant, ce qui achève de vous séduire.

En 1925, tu as épousé Simone Dienne, et Marcel est tombé sous le charme d'une Gazelle. Vous êtes un peu à l'étroit mais l'ambiance est chaleureuse.

Les Surréalistes se retrouvent souvent au Café Cyrano de la place Blanche pour prendre l'apéritif du soir. André Breton en invite ensuite quelques-uns à venir dîner chez lui, rue Fontaine. Tu fais partie de ceux qui sont fréquemment conviés. Le 31 août 1927, il te fait venir, avec Eluard et Masson, pour avoir votre avis sur ce qu'il a écrit de *Nadja*. Ça vous plaît, à l'unanimité. Lui aussi, tu l'as beaucoup aimé. Même si tu l'as quitté avec éclat en 1930 parce que tu trouvais qu'il se mêlait trop de la vie privée de ses amis, il existait entre vous une affection très vive et vous vous êtes réconciliés.

Le 27 septembre 1966, tu apprends qu'il a été hospitalisé d'urgence à l'Hôpital Lariboisière, rue Ambroise Paré, et qu'il est mort à 6 h 30 du matin. Tu veux le voir une dernière fois. Devant le corps, tu éclates en sanglots. Tu continueras à lui parler, tu lui confieras des secrets. Il t'arrive de parler avec les morts, ce que beaucoup de gens, as-tu expliqué à un journaliste, ne peuvent pas comprendre.

Soirées mouvementées au Vieux-Colombier et à la Comédie-Française

Janvier 1928. Eluard est furieux. « On va donner au théâtre du Vieux-Colombier une soirée littéraire avec des poètes dits "d'avant-garde" ! » Les Surréalistes s'esclaffent. « On sait ce que c'est l'avant-garde au Vieux-Colombier ! » dit l'un d'eux. Eluard ajoute : « Ils vont aussi lire des poèmes de Guillaume Apollinaire ! » Comment ont-ils osé ? Apollinaire, ce n'est pas votre dieu, car pour la plupart vous n'avez pas de dieu. Mais vous l'admirez, vous le lisez avec délectation. Eluard continue à s'emporter : « Il y a aussi au programme des chansons de moi, et on ne m'a même pas demandé mon avis ! Je ne veux pas qu'elles soient interprétées devant une assemblée de cagots et de snobs. »

C'est décidé. Vous allez apporter un peu de piment à cette soirée. Dès les premières minutes vous vous déchaînez. Vous manifestez à haute voix votre réprobation, vous plaignez Apollinaire d'être en si mauvaise compagnie, etc. Les spectateurs vous intiment sans succès l'ordre de vous taire. On lit du Cocteau. Vous êtes plus véhéments. Vous ne lui pardonnez pas de s'être converti au catholicisme et vous lui reprochez sa mondanité. Toi, tu te précipites carrément vers la scène. D'un bond, tu grimpes sur le plateau, tu te jettes sur l'acteur et tu le gifles. Dans la salle, c'est la bagarre. Les spectateurs s'emportent à leur tour. Des coups de poing s'échangent. La police arrive. André Breton et Marcel Noll sont arrêtés.

Des années après... Mai 1946. À la Comédie-Française. Tu vis à présent avec Janine. Ce soir-là, vous allez voir *Antoine et Cléopâtre* de Shakespeare. Janine s'est faite belle. Elle est toute petite et menue, si fragile. Tu la regardes avec fierté et tu la prends tendrement par le bras. La soirée s'annonce agréable.

Tu connais bien la pièce et Janine te voit vite t'agiter. Elle est inquiète. Tu lui glisses à l'oreille : « La traduction est très mauvaise ! » Elle te fait signe de rester calme. Mais quand l'acteur dit : « As-tu là ce gentil petit ver du Nil... », tu n'y tiens plus. « Mauvaise traduction ! » Les spectateurs se retournent et murmurent mais tu recommences : « Mauvaise traduction ! » C'est la traduction de Gide. Il est vrai que celle de François-Victor Hugo : « ce joli petit reptile du Nil » est plus fidèle à l'original : « The pretty worm of Nilus ». Tu t'en tiens là mais tu bougonnes pendant presque toute la représentation. Toi qui t'étais promis une bonne soirée, c'est raté.

Sept ans après, novembre 1953. Retour au Vieux-Colombier.

Est-ce en pensant à ton père et à ses critiques dramatiques que tu sous-titres « Chronique théâtrale » le texte écrit probablement le lendemain : *The Gay Paris* ? Tu as été voir une pièce de Gabriel Marcel, *Le Chemin de crête*, et tu t'es tellement ennuyé que tu composes un compte rendu humoristique et vengeur en évoquant « les soupirs prolongés, les bravos ironiques, les ronflements refoulés » de certains et les commentaires prétentieux de ceux qui n'osent pas dire leur ennui.

Désormais, tu préfères te battre avec ta plume plutôt qu'avec tes poings.

Paris avec le groupe Octobre

Remontons à nouveau le temps de ta vie.

Nous sommes au début de l'année 1932. Tu as quitté le groupe surréaliste et la rue du Château. Marcel Duhamel reste un de tes meilleurs amis mais vous aviez besoin d'indépendance et il n'avait plus les moyens d'assurer la subsistance de plusieurs personnes. Yves Tanguy ne rompt pas avec les Surréalistes et s'éloigne de vous. Tu habites au 39 de la rue Dauphine avec Simone, au sixième étage d'un immeuble. L'appartement consiste en une chambre pas très grande avec un réchaud à gaz alimenté par pièces de vingt sous.

Tu as beaucoup de copains, notamment Jean-Paul Dreyfus, que tu emmènes à des meetings à Bullier. Des groupes de la Fédération du théâtre ouvrier de France (F.T.O.F) s'y produisent. Tu attires l'attention de Paul Vaillant-Couturier et de Léon Moussinac, fondateurs, avec Louis Aragon, de l'Association des écrivains et artistes révolutionnaires (A.É.A.R.). Parmi tes amis d'alors il y a l'acteur Pierre Batcheff. Il a tourné dans de nombreux films mais c'est un court métrage, *Un chien andalou*, réalisé en 1929 par Buñuel et Dali, qui lui permettra de passer à la postérité. Tu le fréquentes beaucoup et vous séjournez même ensemble au col de Voza, pour skier. Séjour mémorable car tu t'es retrouvé les quatre fers en l'air et tu as renoncé à ce genre de terrain glissant, préférant en affronter d'autres. Fin mars, il te propose d'aller faire un tour au cimetière du Père Lachaise. Il tient à visiter le crématorium. Vous riez beaucoup au cours de cette balade au pays des morts.

Tu ne restes pas longtemps rue Dauphine et au mois d'avril tu habites dans le 14e arrondissement, villa Duthy, rue Didot. Le 12, on vient t'apprendre une horrible nouvelle. Pierre Batcheff s'est suicidé. Il a décidé de se faire incinérer au Père Lachaise. Voilà le pourquoi de cette promenade macabre quelques jours avant.

On sonne chez toi. Tu n'es pas d'humeur à recevoir de la visite mais tu vas ouvrir. C'est un groupe de jeunes gens envoyés par Léon Moussinac : Raymond Bussières, Lazare Fuchsmann, Jean Loubès et Arlette Besset. Ils veulent faire un théâtre d'action politique, aller sur les lieux de travail des ouvriers pour les encourager dans leurs luttes. Moussinac leur a dit que tu pourrais leur écrire des textes. Tu as commencé à publier, notamment « Souvenirs de famille ou l'Ange garde-chiourme » (en 1930 dans la revue de George Ribemont-Dessaignes, *Bifur*) et « Tentative de description d'un dîner de têtes à Paris — France » (en 1931 dans *Commerce*). Tu les reçois avec politesse mais tu n'as pas le cœur à prolonger la discussion. « Revenez dans quelques-jours... Je viens de perdre un ami. »

Ils t'ont proposé d'assister à une de leurs répétitions. Tu t'y rends à la fin de ce même mois d'avril avec Jean-Paul Dreyfus et Lou Bonin, qui était ton voisin rue Dauphine. Ça se passe dans une salle de la Maison des syndicats, avenue Mathurin Moreau. La petite troupe, qui a pour nom « groupe de choc Prémices », souhaite dénoncer la malhonnêteté de la presse, au service des puissants. Tu promets de revenir une semaine après avec un texte.

Tu t'intègres vite à la troupe, qui devient le « groupe Octobre », et tu prends l'habitude de rédiger des « Actualités », de réagir aux événements avec des chœurs parlés, des chansons, des pièces.

Vous intervenez un peu partout dans Paris pour soutenir les plus démunis : dans la rue, les préaux des écoles, les grands magasins, les cours des usines. Le programme du 16 octobre, dans la salle du Grand-Orient de France, 16 rue Cadet, comporte plusieurs textes de toi : *La Bataille de Fontenoy* (pièce de théâtre), *Le Camelot* (ballet interprété par le danseur Pomiès), *Actualités* (sur des vues projetées par une lanterne magique).

Vous jouez souvent salle Bullier, au niveau de ce qui est aujourd'hui le 39 avenue Georges-Bernanos, et à la Maison de la Culture dirigée par Louis Aragon, 12 rue de Navarin, dans le 9e. En mai 1935, vous y donnez *Le Réveillon tragique*. Tu t'es cependant éloigné d'Aragon, le camarade d'enfance de Neuilly dont tu te rappelles les cheveux bouclés. Vous n'avez vraiment pas la même tournure d'esprit et il aura beau te demander des articles pour sa revue *Commune*, ses appels resteront sans effet.

Vous proposez parfois des spectacles à La Mutualité et quand tu te retrouves au 24 rue Saint-Victor, devant la haute façade art-déco du bâtiment, tu jettes un coup d'œil sur l'Église Saint-Nicolas du Chardonnet, tout à côté, et tu redeviens l'enfant que tu as été, dans une sorte d'« éternité instantanée » - c'est le terme que tu emploies en évoquant les photographies de ton ami Édouard Boubat.

Ton grand-père inscrit des noms sur son registre des pauvres susceptibles de recevoir une aumône. Tu te vois avec ton père chez les malheureux candidats à la charité.

Au 7 de la rue des Grands-Augustins : Jean-Louis Barrault et Pablo Picasso

En ce 1er juin 1935, Roger Blin t'emmène au Théâtre de l'Atelier, sur l'actuelle place Charles Dullin qui s'appelle alors place Dancourt.

La pièce que vous allez voir a pour titre *Autour d'une mère* (adaptation de *Tandis que j'agonise* de Faulkner). Blin veut te présenter le jeune metteur en scène, élève et acteur de Dullin. Il a un physique étrange mais intéressant : un nez pointu, des cheveux frisés, un corps long et maigre, une voix un peu aigre, un regard aigu. Il s'appelle Jean-Louis Barrault. Ce que vous faites au groupe Octobre l'intéresse et il aimerait travailler avec vous.

Quelques mois après il te demande d'adapter deux intermèdes de Cervantès. Au début de décembre tu n'as encore rien écrit et comme il ne te reste pas beaucoup de temps, tu n'en adaptes qu'un seul : *Le Tableau des merveilles*. Un couple de saltimbanques arrive dans un village espagnol et prétend montrer aux notables « Le Tableau des merveilles » ; seuls les bons chrétiens, les hommes honnêtes et les femmes vertueuses sont censés voir le tableau. En réalité les saltimbanques ne montrent rien mais les spectateurs font tous semblant de réagir au spectacle invisible. Tu introduis dans la pièce un enfant musicien qui joue une musique grinçante, appréciée seulement des malheureux et des gens du peuple, plus « vivants » que tous les notables.

Barrault a un atelier dans un grenier du 7 de la rue des Grands-Augustins et il y répète la pièce à la fin de 1935. Très beau lieu, dans un hôtel particulier reconstruit vers la fin du XVIIe siècle, où Balzac situe sa nouvelle *Le Chef-d'œuvre inconnu*. Barrault accueille toutes sortes de personnages un peu marginaux qui trouvent un abri au grenier, un coin pour dormir, comme le petit Mouloudji qui participe au spectacle. Maurice Baquet, Roger Blin et le fidèle Marcel Duhamel sont de la partie.

Le groupe Octobre se désagrège en 1937 mais tu vas poursuivre ta collaboration avec Jean-Louis Barrault en lui offrant au cinéma le rôle de William Kramps, le tueur de bouchers de *Drôle de drame* et surtout l'inoubliable Baptiste des *Enfants du paradis*. Quand il quitte le grenier des Grands-Augustins, peu de temps après la répétition du *Tableau des merveilles*, c'est Picasso, un autre de tes amis, qui s'y installe.

Il y peint en 1937 *Guernica* et reste dans les lieux jusqu'en 1955. Tu lui rends souvent visite. Vous êtes très complices, tous les deux. Vous vous montrez ce que vous faites, vous avez de l'admiration et de l'affection l'un pour l'autre. Les poèmes que tu écris pour rendre « Hommage au mage » - c'est le titre de l'un d'eux -, notamment « Lanterne magique de Picasso » qui clôt *Paroles*, parlent aussi de toi, de ta vision d'un monde éclaté comme un puzzle, qu'il faut reconstruire autrement, éclairer sous des lumières changeantes et multiples, un monde « réel et surréel/ Terrifiant et marrant/ Nocturne et diurne/ Solite et insolite/ Beau comme tout ». Il dira : « Il n'y a que Prévert qui a compris mes ateliers ».

Nous sommes le 12 octobre 1943. Tu fais une visite à Pablo en compagnie de Brassaï.

Il fait froid car l'atelier, en ce temps de guerre, n'est pas chauffé. Mais quand vous vous retrouvez, vous avez chaud au cœur. Picasso vous montre des dessins et lavis. Vous regardez la série des colombes.

Soudain, vous entendez un petit bruit. Vous vous tournez vers la porte ouverte sur l'escalier. Une colombe est là, sur une marche. Elle a dû s'échapper d'un tableau.

UN MONDE TENDRE ET CRUEL

Rencontres boulevard Saint-Germain

Tu as un faible, c'est certain, pour Bacchus. Mais tu dis souvent en riant, et c'est vrai, que tu ne bois jamais seul, toujours en compagnie d'un ou plusieurs amis.

Ce jour de 1934, tu as dû en rencontrer car en marchant le long du boulevard Saint-Germain tu as un peu l'impression que le sol bouge. Tu arrives devant Lipp, où ton père t'emmenait, ainsi qu'aux Deux Magots. Tu souris à ce souvenir. Vous étiez comme deux copains, ton père et toi. Il te confiait ses bonheurs et surtout ses tristesses et tu lui remontais le moral. Tu avais parfois l'impression que c'était toi qui jouais le rôle du père.

Tu es tiré de ta rêverie par une voix qui s'écrie : « Tiens, Jacques ! » et tu aperçois ton ami Maurice Baquet devant la statue de Diderot, en compagnie d'une jeune fille. « Janine... Jacques. » Elle a autrefois dansé dans un ballet imaginé par Pomiès sur ta chanson « Les Animaux ont des ennuis », mise en musique par une amie d'enfance, Christiane Verger. « J'étais la petite grenouille verte et l'Oiseau bleu », rappelle-t-elle d'une voix enfantine. Elle rit d'un rire étoilé et cristallin. Tu la regardes. Tu as l'impression qu'elle danse sans bouger et tu es sensible à ce que tu appelles la musique de son regard céleste et « si jeune ». Pourtant, même si tu n'as pas oublié ce moment, vous n'avez pas été frappés par le coup de foudre. Tu en aimais une autre et Janine allait se marier un an plus tard avec Fabien Loris, le garçon qui jouera le rôle d'Avril dans *Les Enfants du paradis*. Tu rencontreras même la noce au Flore et tu boiras un verre au bonheur de Fabien et de Janine. Mais le destin allait jouer son rôle. Avec nos allers-retours dans le temps, cette jolie Janine nous l'avons déjà vue à la Comédie-Française...

Très vite, Janine et Fabien Loris s'intègrent à votre groupe du Flore, surnommé par les habitués, « la bande à Prévert ». Tu aimes bien le patron des lieux, Boubal, dit « Terrasse Boubal ».

Au Flore tu retrouves ton frère Pierre et sa femme Gisèle, des amis d'autrefois ou plus récents : Nicole Védrès, Raymond Bussières, Marcel Duhamel et bien d'autres. Nous sommes en 1938. Vous buvez, vous riez, tu leur apprends à se méfier des idées reçues, des proverbes, des expressions toutes faites, à jouer sur les mots ou avec eux. À quelques tables de vous, un autre groupe, celui de Jean-Paul Sartre et de Simone de Beauvoir. Vous vous saluez, vous vous regardez avec curiosité mais sans animosité et même avec une certaine bienveillance.

Vous êtes trop différents, cependant, pour vous mêler les uns aux autres. Ils ont le culte de la « pensée », ce mot dont tu te moques un peu. Chez toi c'est l'humour qui domine, le besoin de ne pas te prendre au sérieux, la nécessité d'écrire pour être lu par tous. Bien sûr, il arrive que vos combats se rejoignent. Sartre mettra par exemple en épigraphe au Livre 1 de son *Saint Genet, comédien et martyr* le début de ton poème contre les bagnes d'enfants : « Bandit ! voyou ! voleur ! chenapan ! / C'est la meute des honnêtes gens / Qui fait la chasse à l'enfant ».

Quant à Simone de Beauvoir, elle a évoqué ta « bande » avec sympathie : « Leur dieu, leur oracle, leur maître à penser, c'était Jacques Prévert dont ils vénéraient les films et les poèmes, dont ils essayaient de copier le langage et le tour d'esprit. Nous aussi, nous goûtions les poèmes et les chansons de Prévert ; son anarchisme rêveur et un peu biscornu nous convenait tout à fait ».

À cette époque, tu continues à habiter souvent dans ce quartier Saint-Germain de ton enfance, de chambre en chambre d'hôtel. En février 1937, tu en as loué une tout près du Flore, au Montana, 28 rue Saint-Benoît, et en mars tu dis à tes amis de t'écrire à l'hôtel Acropolis, au numéro 160 du boulevard.

Des années après, à la Libération, tu te promènes encore sur ce boulevard Saint-Germain que tu aimes pour son ambiance, ses cafés, sa population d'artistes, de bohèmes, bien différente de celle d'aujourd'hui.

Ce jour-là, ce n'est pas une jolie fille que tu rencontres mais un ami décorateur de cinéma, Robert Clavel. Il te parle d'un certain René Bertelé. Un professeur de français, dont tu as fait la connaissance à Nice en 1942. Clavel t'apprend qu'il a monté une petite maison d'édition, Le Point du Jour, et qu'il voudrait rassembler tes poèmes dispersés dans des revues ou restés inédits. On t'a déjà fait ce genre de proposition mais tu n'y a guère accordé d'importance. Tu notes pourtant le numéro de téléphone de René Bertelé et tu l'appelles, sans te douter que ce premier recueil de tes textes va devenir un grand succès de librairie et faire de toi, qui es déjà un scénariste connu, le poète le plus populaire du XXe siècle.

Paris sous l'Occupation

« Quelle connerie la guerre ! » Ce cri de colère vaudra à « Barbara » l'interdiction d'antenne au moment de la Libération.

Tu ne veux pas participer à celle qui éclate en 1939 et tu réussis à te faire réformer. Je n'entre pas dans les détails mais disons seulement que ton ami médecin Raymond Leibovici aide le pacifiste que tu es à y échapper.

Après la signature de l'armistice, tu pars dans le Midi où tu restes jusqu'en août 1943. Le tournage des *Enfants du paradis*, largement entamé à Nice, est interrompu par la fausse rumeur d'un débarquement des Alliés à Gênes. Le ministre de l'information exige le retour de l'équipe du film à Paris.

Tu revois Janine, engagée à fond dans la Résistance, et votre amitié se transforme en amour. Cette lumière dans ta vie te permet de ne pas désespérer, malgré la douleur que tu ressens en marchant dans ta ville, en deuil de sa liberté.

Vous avez envie de célébrer d'une manière ou d'une autre ce bonheur d'être ensemble et de vous aimer. Tu as une idée. Tu prends Janine par la main et tu l'emmènes jusqu'au Louvre. Là, vous vous dirigez vers les antiquités égyptiennes et tu la conduis devant le dieu Osiris. Tu as une tendresse toute particulière pour ce dieu tant aimé de son épouse Isis. Elle réussit à le ranimer après son assassinat par son frère Seth et, de leur union posthume, naît le dieu Horus, à tête de faucon. Seth récupère le cadavre d'Osiris et le dépèce en morceaux qu'il disperse. Mais Isis, de nouveau à la recherche d'Osiris, rassemble les membres de son mari et reconstitue son corps. Cette légende de la mythologie a dû vous paraître assez forte pour symboliser l'amour plus fort que la mort. Vous vous embrassez, et vous considérez que la statue, « vivante dans le bois mort », vous a mariés. Pourtant, vous devez vous quitter à nouveau. Le réseau de Janine est démantelé et tu lui conseilles de partir se cacher à Val d'Isère où se trouve Marcel Duhamel.

Tes promenades n'ont plus le charme d'antan. Un après-midi, tu passes dans la rue de Buci. Le petit garçon que tu as été trouvait un peu trop calme l'atmosphère de Lipp et des Deux Magots où ton père t'emmenait et tu étais fou de joie quand tu arpentais cette rue où tout remuait et tout bougeait. Tu as continué à la fréquenter dans les années 1920 et 1930. À présent, elle semble comme figée. Les passants s'y font rares et marchent très vite, l'air inquiet. Un chien apparaît au carrefour. Il n'a que la peau sur les os et te fait pitié. Ton chien à toi, Dragon, tire sur sa laisse pour aller vers lui. « Laisse-le tranquille, Dragon, il est malheureux ». Dragon te regarde avec tristesse de son air bon. Tu t'évades dans le temps et tout redevient comme avant. Les jeunes femmes sortent en riant avec des paniers sous les bras, les enfants crient et courent, un vieux clochard vend des crayons, des marchandes à la sauvette proposent des fruits, une jolie fille se promène tous les matins avec son chien et sa flûte de pain, heureuse d'être admirée des passants.

Tu vas prendre un verre au Flore pour y retrouver la chaleur des amis. Dragon est couché à tes pieds. Tu bois un verre avec Mouloudji et quelques autres. Tu aperçois, au loin, André Verdet, qui vient vers vous en courant. Il te fait signe. Tu vas à lui et il t'entraîne à l'écart. « André Virel vient d'être arrêté à la Brasserie Zimmer, place du Châtelet ! » Comme André Verdet, Virel est dans la résistance. Il va certainement être torturé. « Ce n'est pas tout, dit Verdet. Il a laissé dans une chambre d'hôtel de la rue Racine, où loge son ami André Salvet, une grande malle contenant quantité de documents compromettants, notamment des jeux de faux papiers. » Tu n'hésites pas. « Attends.

Je vais chercher un ou deux copains et on y va ». Tu demandes à Mouloudji et à un ami qui est là, Julien Davreu, de venir avec toi. Eux non plus n'hésitent pas. Pendant que Mouloudji fait le guet, Julien, André et toi allez récupérer la malle. Jusque là tout va bien. Vous êtes dans la rue. « Maintenant, qu'est-ce qu'on fait ? » André Verdet propose : « Allons la déposer chez mon amie Camille, dans le 15e ». Vous n'avez pas de voiture. Vous marchez jusqu'à la station de métro Odéon, flanqués de Dragon qui est prêt à lancer des flammes si on touche à un seul de tes cheveux. Mouloudji part de son côté - inutile d'être trop nombreux - tandis qu'André Verdet, Julien Davreu et toi transportez la malle. On ne peut pas dire que c'est discret. Sur le quai de la station Sèvres, un soldat allemand vous regarde. Il s'avance. André a dans sa poche un revolver. Tu vois son bras se raidir. « Qu'y a-t-il là-dedans ? » demande l'Allemand en pointant la malle. Tu te composes un air idiot, tu titubes, et tu t'écries : « Bombe ! Boum ! Boum ! » Dragon, croyant que tu joues, remue la queue. Ahuri, l'homme te regarde, fait un signe pour suggérer que tu as perdu la tête, et s'écrie : « Er ist verrückt ! » (« Il est fou ! »). Vous éclatez tous de rire et il s'éloigne en éclatant de rire à son tour. Vous reprenez le métro et vous arrivez sans autre mauvaise rencontre jusqu'à l'appartement de la jeune femme.

Le 14 février, tu es témoin au mariage d'André et de Camille. André est arrêté huit jours après. Le même jour, le 22 février 1944, Robert Desnos est arrêté lui aussi, par la Gestapo, dans cette même rue Mazarine où vous vous êtes encore promenés ensemble en décembre. Depuis 1942, il participait au groupe de résistance Agir. Il se savait menacé mais il n'avait pas voulu fuir, de peur que Youki, sa femme, ne fût arrêtée à sa place. Au camp de Compiègne, il retrouve André Verdet. À chaque nouveau convoi qui amène des prisonniers, Desnos dit : « Peut-être que Prévert est dedans ». Comme si ton arrivée pouvait lui redonner l'envie de rire et de vivre, le sauver.

Tu te promèneras souvent dans les rues de Paris en pensant à Desnos, avec lui, hors du temps.

Promenades dans tes collages sur Paris

À partir de 1943, tu commences à créer des montages d'images, comme ton ami Max Ernst. Des « collages ». Le tout premier est un *Portrait de Janine* à partir d'une photographie de Pierre Boucher. La jeune femme s'élance dans le ciel, les bras ouverts, comme si elle s'envolait. Tu entoures de fruits, de fleurs, de feuilles et de branches la photo, manière de lui dire : « Et puis voici mon cœur qui ne bat que pour vous ». Par la suite, tu vas beaucoup t'amuser à ces reconstructions, en prenant souvent comme point de départ des photos de Paris.

Dans *Souvenir de Paris I* tu prêtes un visage de

jeune fille à une des gargouilles de Notre-Dame. Elle a sur la tête une sorte de béret, sa main de pierre est posée sur sa joue. Tournée vers nous, elle écarquille les yeux, la bouche ouverte. « Soyez les bienvenus au pays des rêves éveillés, dit-elle. Si vous êtes aussi sages que nous, puisqu'il paraît que les images sont sages, vous verrez une fée dans un écrin se promener sur la Seine, le Sacré-Cœur descendre de Montmartre, un cheval s'envoler dans le ciel, un dieu de pierre se dresser dans la Sainte-Chapelle et bien d'autres merveilles. » Derrière elle, une autre gargouille avec grand bec d'oiseau éclate d'un rire aigu et éraillé.

Nous retrouvons l'oiseau de pierre qui ricane toujours dans *Souvenir de Paris V*. Nous avons décidé de pénétrer dans les « souvenirs » en désordre. Ne sont-ils pas faits pour être saisis au petit bonheur de la mémoire ? La gargouille du premier plan a retrouvé sa tête de pierre et son air pensif. Un petit bonhomme a grimpé sur une de ses ailes. Il agite un mouchoir et fait un signe de la main. Une fillette en bottines et jupe en dentelles perchée sur le garde-fou regarde avec une longue-vue dans la même direction. Nous suivons leur regard et nous nous envolons.

Sur l'île, en bord de Seine, dans *Souvenir de Paris III ou l'Île Saint-Louis*. Une belle jeune femme est allongée dans une grande boîte noire qui flotte sur l'eau. Ses cheveux bruns sont couronnés de fleurs. Elle semble comme un bijou dans un écrin. Les arbres en bord de Seine sont dénudés et c'est probablement l'hiver mais elle est vêtue légèrement. Ses bras et ses épaules sont nus sous son corsage jaune ; ses jolies jambes sortent d'une couverture mauve. Avec simplicité et douceur, tu murmures : « Beauté / qui pourrait inventer un nom plus beau/ plus calme ? ».

Après avoir fait nos adieux à la belle, nous nous rendons à la Sainte-Chapelle via ton *Souvenir de Paris VI.* Cette fois nous remontons vertigineusement le temps, jusqu'au XIIIe siècle. Une dame en cornette et en robe longue comme en portaient les femmes à cette époque tient un petit garçon par la main. Ils regardent une gargouille géante, dressée là comme un dieu. Tu me dis que tu t'es toujours senti païen. Comme la dame et le petit garçon, nous sommes minuscules face à cette statue immense qui arrive à mi-hauteur de la voûte. Une atmosphère mystérieuse règne. Au moment de sortir, nous entendons une voix, celle de la gargouille géante, peut-être, qui dit : « Je vous ai réservé une surprise ».

Pour une surprise, c'en est une. Nous sommes dans *Souvenir de Paris II.* Le Sacré-Cœur est en bord de Seine, sur l'île de la Cité. Il s'est échappé de Montmartre. Il paraît qu'il était jaloux de Notre-Dame et qu'il avait envie lui aussi d'être près du fleuve. Ce gros gâteau à la crème chantilly écrasant de sa blancheur crémeuse les vieilles pierres de Paris ! C'est un cauchemar ! Tu réponds par un grand éclat de rire et les murs du Sacré-Cœur s'écroulent. Nous sortons de ce « souvenir » et atteignons *Souvenir de Paris IV.*

Des livres, bien sûr, puisque nous sommes devant un bouquiniste. Des « séries noires ». Ça te rappelle ton vieil ami Marcel Duhamel. C'est toi qui lui avais suggéré d'appeler cette collection de romans policiers à couverture noire, qu'il dirigeait chez Gallimard : « La Série noire ». Au fond on aperçoit le pont Alexandre III. Le ciel est nuageux mais le soleil doit tout de même pointer le bout de ses rayons car la Seine a des reflets cuivrés. Sur le mur se projette l'ombre d'un arbre. Comme s'il sortait de la boîte du bouquiniste, un cheval s'envole, jouant les Pégase. En équilibre sur cette monture insolite, un indien bande son arc et pointe sa flèche on ne sait où. Peut-être veut-il écarter les nuages et retrouver l'azur du ciel.

L'accident sur les Champs-Élysées

Marcel Cerdan est de retour des États-Unis où il a conquis le titre de champion du monde de boxe. En ce 12 octobre 1948, Paris est submergé par une marée humaine qui crie sa joie. La foule se presse pour voir passer son héros accompagné d'Edith Piaf avec qui il vit une relation passionnée.

Quand tu arrives sur les Champs-Élysées, le cortège n'est pas encore là mais il ne va pas tarder. Tu es avec Alexandre Trauner, bien connu pour ses décors de cinéma et notamment des films dont tu as été scénariste. Il est 16 h 30. Vous vous rendez au 116 de l'avenue où est installée la radiodiffusion française. On t'a demandé de venir parler du court métrage *Le Petit soldat*. Tu as adapté ce conte d'Andersen pour ton ami le dessinateur Paul Grimault et le film vient de remporter le Grand Prix International du dessin animé à la Biennale de Venise. Tu n'accordes aucune importance aux prix et tu n'aimes pas répondre aux questions des journalises. Mais tu as accepté l'entretien proposé par Simone Dubreuil parce que tu as de l'affection pour Paul Grimault. La journaliste vous attend dans le couloir et vous conduit au bureau 102.

La pièce est surnommée l'« aquarium » à cause de ses deux grandes portes fenêtres qui donnent sur les Champs-Élysées. La foule, dehors, ne fait que croître, et commence à faire beaucoup de bruit. Tu t'approches des portes-fenêtres pour voir ce qui se passe. Tu te retournes pour dire quelques mots tout en t'appuyant à la vitre. Une des fenêtres, mal fermée, s'ouvre sur l'extérieur. Tu perds l'équilibre et tu bascules. Tu réussis à t'accrocher à la plaque de tôle qui soutient l'enseigne du cinéma des Champs-Élysées mais elle s'effondre. C'est la chute.

Ta tête heurte violemment le trottoir. Du sang coule de ta bouche, de ton nez et de tes oreilles et tu tombes dans le coma. L'ambulance. Alexandre Trauner monte avec toi. Tu es transporté à l'hôpital Marmottan.

Fracture du rocher et bras cassé. Le lendemain tu sors quelques heures du coma mais tu y retombes.

Tu y restes plusieurs jours. À la fin du mois on te transfère à la clinique Rémy-de-Gourmont. Tu en sors le 17 novembre et tu pars dans le Midi de la France pour te refaire, comme on dit, une santé.

Retrouvailles avec le Luxembourg et installation près du Moulin-Rouge

1952, déjà. Paris te manque.

Pour ton retour dans ta ville, tu as trouvé un appartement agréable face au jardin de ton enfance. Tu le vois de ta fenêtre et désormais, de jour comme de nuit, il est ouvert à ton regard. Mais pourquoi avoir changé le nom de la rue ? Elle s'appelait rue du Luxembourg. Tu trouvais ça très bien. Luxembourg, comme le jardin. Mais en 1918, on lui a donné le nom d'un aviateur, mort à la guerre après avoir tué quantité d'aviateurs ennemis. Les héros de guerre te font froid dans le dos. Tu préfères ceux qui contribuent à embellir la vie à ceux qui donnent la mort. Pour te venger, tu écris un poème, « Le Baptême de l'air », où tu chantes la beauté du jardin, ses arbres, ses oiseaux et ses enfants « vivants » et tu te demandes « ce qu'un aviateur mort vient foutre là-dedans ».

Tu travailles avec Izis à *Charmes de Londres*. Vous avez été quelques jours dans la capitale anglaise et tu as trouvé pour Michèle, ta Minette, un poney-robot en acier. Il était un peu lourd à transporter mais ta fille de 6 ans est si heureuse que tes efforts sont récompensés. Avec le poney, elle chevauche les contrées sauvages, elle traverse les déserts, elle vit des moments fabuleux. Tu n'as pas pensé que les chevauchées de Minette pouvaient faire un vacarme épouvantable à l'étage au-dessous. On sonne. À la porte, une petite dame brune, timide. « Bonjour, excusez-moi de venir vous déranger. Votre petite-fille ne pourrait-elle pas faire un peu moins de bruit ? Mon mari travaille. Nous sommes vos voisins du dessous... M. et Mme Mitterrand ».

Deux ans après. Vous décidez d'aller vous installer dans le 18e, au niveau du 94,boulevard de Clichy. Une enseigne courbe, émaillée, signale le lieu : Cité Véron.

Tu as l'impression d'entrer dans un monde à part. La petite ruelle en impasse est pavée comme autrefois et les voitures ne peuvent pas y accéder. Il faut faire des travaux : dans l'appartement et sur la grande terrasse qui donne sur le Moulin-Rouge. Alexandre Trauner vous conseille de faire appel à l'architecte Jacques Couëlle. Le fils de celui-ci, Savin, participe à la rénovation et met six grandes baignoires à pieds de lions sur la terrasse : elles accueilleront des lilas.

Vous emménagez en 1955. Ton nouveau compagnon à quatre pattes, Ergé, sympathique briard, peut gambader à son aise. Sur le même palier, en face, habitent Boris Vian et sa femme Ursula. Vous partagez la terrasse qui devient « La Terrasse des Trois Satrapes ». Boris et toi, vous faites en effet partie du Collège de Pataphysique, « Société des recherches savantes et inutiles », créée en 1948. Mais qui est le troisième Satrape ? Ergé, bien sûr !

Cet appartement te ressemble. Il s'imprègne de toi. Tes nombreux et prestigieux amis peintres y sont présents. Dans votre chambre, il y a une œuvre de Jorn : une femme nue, tableau d'un maître ancien et inconnu, que le peintre a réhabilité en lui ajoutant quelques couleurs. Dans le séjour, au-dessus de la porte qui donne sur ton bureau, ta tête par Picasso. Tu lui as dit, quand il t'a apporté le portrait : « Dis-donc, tu m'as pas gâté ! » Il t'a rétorqué en te regardant de son malicieux regard noir : « Tu lui ressembleras ».

Dans ton bureau, ton « Portrait de Janine », un Miró et sa « mystérieuse évidence ». Au plafond, un mobile de Calder, « cet ogre aux doigts de fée ».

Caverne d'Ali Baba où les livres sont chez toi comme chez eux : une édition de Proust où tu as souligné des passages, des livres de Michel Leiris, d'André Breton, de Paul Eluard, dédicacés, une photo de Minette, Janine et toi.

Dans la chambre de ta fille trônera le lit d'Esmeralda incarnée par Lollobrigida dans le film de Jean Delannoy pour lequel tu as adapté le roman de Victor Hugo...

Un appartement où chaque objet, chaque image, chaque meuble te parle, où tu te sens bien.

ENCORE UNE FOIS SUR LE FLEUVE

Tu aimes Paris la nuit.

Mystérieuse, surprenante, avec ses lumières, ses personnages étranges qui sortent de l'ombre. Il t'arrive de ne pas te coucher et de te promener le long du Canal Saint-Martin, au bord de la Seine ou ailleurs. Elle t'a beaucoup inspiré, la Seine.

Pourquoi ne pas suivre un moment l'itinéraire de ce long poème qui ouvre *Histoires* ? Tu veux bien ? « Encore une fois sur le fleuve... » ou plutôt le long du fleuve. Ensemble ? Mais au lieu de commencer la promenade au lever du jour, commençons-la à la tombée de la nuit. Quand tu étais jeune, à ton retour du service militaire, tu allais dormir vers 18 h dans un hôtel de manière à être frais et dispos pour ta randonnée nocturne. Comme tu te présentais sans valise, les hôteliers avaient peur d'avoir affaire à un suicidaire et refusaient parfois de te louer une chambre. Alors tu avais trouvé une histoire non pas à dormir debout mais à rester couché. « J'attends une jolie fille ». Clin d'œil complice de l'hôtelier. « Si jamais personne n'est venu me demander à minuit, réveillez-moi, je risque de m'être endormi. » L'hôtelier montait un peu avant minuit et te disait d'un air de compassion : « Elle n'est pas venue... que voulez-vous...c'est la vie ! » Tu prenais une figure de circonstance et tu retrouvais le sourire en sortant.

Notre promenade à nous a lieu un soir de janvier 1957.

Pourquoi s'arrêter à cette date dans ce rêve éveillé que je partage avec toi depuis le début de ce livre ? Je te le dirai plus tard.

Nous n'avons pas attendu minuit : c'est pour le plaisir de voir le soleil se coucher sur la Seine. Nous venons de traverser le Pont d'Austerlitz. Peu à peu le jour se dérobe mais le soleil éclaire encore le fleuve de ses éclats de rouge, comme s'il voulait lui offrir un bouquet de flammes avant de s'en aller. « Il est paillard mais bon enfant », me dis-tu en souriant. Nous longeons le Jardin des plantes. La lionne, dont tu dis le déchirant réveil quand elle découvre comme chaque matin les barreaux de sa cage, vient de s'endormir. Elle rêve qu'elle est dans la jungle et qu'elle a pour compagnon un beau lion, superbe et généreux. Elle rêve de grands espaces, de fleuves et de forêts, de courses folles, d'une vie libre. Laissons la lionne à ses rêves plus heureux que la réalité de sa prison. Nous poursuivons notre chemin le long du Quai Saint-Bernard, et tu me proposes d'aller jusqu'au Pont de la Tournelle que nous traversons. Nous nous arrêtons devant la statue de Sainte Geneviève dont tu parles dans le poème, cette statue « invraisemblable », dis-tu. Rejet d'une sainte de la part de l'anticlérical que tu es, ou de l'œuvre de Paul Landowski ? J'ai appris qu'il n'était pas content, lui non plus, du résultat... parce qu'on la lui avait érigée beaucoup trop haut, cette statue, installée là en 1928.

Tu décides de traverser l'Ile Saint-Louis et d'aller faire un tour dans le Marais. Nous prenons le Pont Marie, nous allons jusqu'à la rue de Rivoli puis nous nous dirigeons vers la rue des Rosiers. Tu as une pensée pour les « jolies roses » prénommées Sarah ou Rachel qui ont été arrachées à la vie par « la cruelle connerie humaine ». « Aimées peut-être du Roi de Sicile », dis-tu en passant dans la rue auquel ce roi a donné son nom, et en m'entraînant à nouveau du côté de la Seine. Je t'explique qu'il s'agit de Charles 1er, frère de Saint-Louis, comte d'Anjou et de Provence, désigné roi de Naples et de Sicile en 1266. Comme tu me regardes sans un mot, je te montre ce qui est écrit dans le guide que j'ai emporté avec moi. Alors tu ajoutes : « Il les aimait mais elles ne voulaient pas de lui. Rachel était amoureuse d'un jeune cordonnier et Sarah d'un charmant balayeur. »

À l'angle de la rue de Jouy, tout près de la rue François-Miron, tu remarques une boutique de vêtements d'occasion. Tu la trouves un peu sordide. Dans la même rue, nous passons devant un restaurant algérien. Le patron, devant sa porte, nous invite à entrer. Tu engages la conversation. Il te parle de la mer et du soleil, de son couscous, qu'il t'invite à venir déguster, de son pays au ciel toujours lumineux. Tu lui racontes Istanbul et son Grand Bazar, la mosquée bleue... Souvenirs de ton service militaire. C'est étonnant cette faculté que tu as de parler aux gens, d'établir immédiatement un contact chaleureux avec des inconnus.

Nous nous dirigeons vers la rue Geoffroy l'Asnier. Tu imagines, dans ton poème, que ce Geoffroy l'Asnier avait autrefois des ânes qu'il aimait beaucoup, et qu'après sa mort il est devenu l'ami du Soleil. Chaque jour, son fantôme va jusqu'à la Seine « et là les ombres de ses tendres animaux/ broutent les doux chardons de l'au-delà/ et boivent l'eau paisible/ du souvenir heureux ».

J'ouvre mon guide : la rue a pris le nom du dernier des l'Asnier, famille bourgeoise très connue qui possédait presque toute cette rue à la fin du XIIIe siècle. Tu me regardes avec un petit sourire gentiment moqueur.

Le Pont Louis-Philippe. Les pompiers sont là. Ils ont repêché un clochard qui s'est jeté à l'eau. Malheureux à en mourir ? C'est le Roi des Ponts, m'expliques-tu. Il voulait partir vers la mer avec la Seine mais on l'a arrêté dans son voyage. Les pompiers mettent l'homme qu'ils ont repêché sur un brancard et l'emmènent à l'hôpital. Au moins dormira-t-il au chaud cette nuit et peut-être poursuivra-t-il son voyage en rêvant d'un pays lointain où il fait bon vivre. Nous nous dirigeons vers Notre-Dame de Paris. Tu ne t'y arrêtes guère dans « Encore une fois sur le fleuve » mais j'aimerais beaucoup qu'on aille voir Esmeralda danser sur le parvis. Ton adaptation du roman, filmée par Jean Delannoy, est sortie en décembre dernier. Le film est encore projeté dans plusieurs salles parisiennes. Tu éclates de rire à nouveau. Tu viens de comprendre pourquoi j'ai choisi cette date de janvier 1957. Le rôle d'Esmeralda est interprété par Gina Lollobrigida. Tu me parles d'elle. Solaire, éblouissante de beauté dans sa robe rouge. Je trouve Anthony Quinn bouleversant dans Quasimodo, avec une voix si tendre sous son apparence bestiale, un air d'enfant timide et complexé. Tu pointes une fenêtre très haut, sur une des tours, et tu me dis : « Le voilà. » En effet, je le vois, comme je vois Esmeralda danser sur le parvis, au milieu des badauds qui crient leur joie. L'hiver se transforme en printemps comme dans certains de tes textes, et je n'ai plus froid.

Nous retournons sur le quai. Les lumières des lampadaires plongent dans la Seine et la décorent de petits soleils qui dansent. Un bateau-mouche passe, chargé de touristes qui regardent éblouis la ville briller de ses feux nocturnes. Les arbres et les maisons se découpent sur le ciel bleu nuit comme dans un tableau. Nous avançons vers le Palais de justice. Tu trouves que la justice est impitoyable aux misérables et qu'elle porte mal son nom. Tu dis aussi qu'elle ne les protège pas et tu invites les « Messieurs de la magistrature couchée et bien bordée » à se réveiller. Nous ne rencontrerons pas la pauvre petite fille dont tu racontes la sordide histoire et qui se jette dans la Seine. Ce soir, veux-tu, soyons heureux. Pas d'Ophélie, pas de meurtres ni de viols. Restons dans la douceur de vivre, malgré le froid.

Les mascarons du Pont Neuf sont éclairés et semblent surgir de l'ombre. Ces visages sont ceux de tous les pauvres gens, ces amis de la Misère, que tu évoques dans ta promenade le long du fleuve. Regarde, celui-là, c'est « Charlot le Téméraire ». Tu as sans doute pensé à Chaplin en lui donnant ce nom. Celui-là, c'est « le raccommodeur de faïences », celui-là, « le laveur de chiens ». Nous nous dirigeons vers le Quai de la Mégisserie. La plupart des boutiques ont déjà fermé. Il est tard. Tu les trouves tristes, ces magasins d'animaux qui ont parqué pour la nuit, dans des cages ou des bocaux, des perruches, des rats blancs et des poissons exotiques. Je te dis connaître une boutique plus sympathique, L'Oisellerie des trois pigeons.Tu comprends de quoi je parle. Cette boutique apparaît au début d'*Un oiseau rare*, un film dont tu as écrit les dialogues en 1934 pour Richard Pottier. Oui, je sais, nous sommes en 1957. Vingt-trois ans plus tard. Existe-t-elle encore ? A-t-elle jamais existé ? Tu me réponds que cette boutique existe si nous le voulons. Alors, allons-y ! C'est au 2 du quai de la Mégisserie.

Nous entrons en même temps qu'un jeune homme. Il ressemble comme un frère à Pierre Brasseur et porte sur son dos une pancarte avec cette inscription : « L'homme qui n'aime pas les oiseaux est un serin. Achetez des oiseaux ». Il la dépose et disparaît dans l'arrière-boutique. Nous disons à la dame qui s'approche de nous en souriant : « Nous aimerions voir des perroquets ». Elle propose d'aller nous chercher Ravaillac. Tu lui réponds comme Max Dearly dans le film que s'il ne te prend pas pour Henri IV, tu n'y vois pas d'inconvénient. Très vite elle revient avec un magnifique oiseau aux plumes multicolores. Tu lui parles. Aussi chaleureusement qu'aux êtres rencontrés dans la rue. L'animal te regarde de ses yeux écarquillés, tellement intéressé par ce que tu lui dis qu'il se tait. Cependant j'aimerais bien entendre sa voix. « Ravaillac, veux-tu nous chanter une chanson ? - Une chanson ! Une chanson ! » répond Ravaillac d'une voix très aigüe. Après nous avoir fait un peu attendre, le perroquet se décide à chanter *En sortant de l'école* en imitant Yves Montand. Je m'éloigne du poème et du film... Mais c'est tout de même du Prévert, non ?

Tu me proposes de retourner au bord de la Seine et de continuer à marcher. Sous le Pont de la Concorde, nous rencontrons deux jeunes amoureux qui s'embrassent comme s'ils étaient seuls, hors du temps et de la nuit, « dans l'éblouissante clarté de leur premier amour ». Tu as beaucoup de tendresse pour les enfants qui s'aiment. Nous ne les désignons pas du doigt comme les passants de ta chanson mais nous les regardons avec sympathie. Deux heures sonnent à la grande horloge de la Gare d'Orsay. Je remonte mon écharpe sur ma figure. Il commence à faire très froid. Nous passons devant le Palais de la Légion d'honneur sur laquelle tu as souvent ironisé.

Je pense au père de « Souvenirs de famille ou l'Ange garde-chiourme » qui a inventé une jambe artificielle très perfectionnée et qui reçoit en récompense « la Roséole de La Légion d'honneur ». Je te montre la Seine éclairée par la lune et tu imagines qu'elle est devenue le Nil. Nous sommes en Égypte. Il fait aussi chaud qu'il y a quelques heures, quand nous regardions danser Esmeralda. Les « eaux chaudes et calmes du Nil » roulent « silencieusement entre les rives de la Seine ».

Nous continuons jusqu'au Pont Alexandre III, « avec ses femmes nues / et leurs grands chevaux d'or ». Tu me demandes, narquois, ce que mon guide dit de ce pont. « Des détails qui vont t'intéresser ! La première pierre a été posée par Nicolas II de Russie en 1896 car le pont, quand il a été construit, était destiné à devenir le symbole de l'alliance franco-russe ».

L'étincelle amusée que j'attendais est bien là, dans ton regard. « Tu as joué le rôle de Nicolas II, n'est-ce pas, dans ta pièce *La Bataille de Fontenoy* ? - Oui, réponds-tu en riant. Raymond Bussières, qui jouait celui de Raspoutine, me demandait : "Vous rêvez, il me semble ? À quoi pensez-vous ?" Et je lui répondais d'un ton lugubre : "À la mort de Louis XVI" ». Nous éclatons de rire. Tu t'attardes devant le bel enfant assis sur un poisson géant. Je t'explique que c'est un génie, comme les autres bambins grassouillets entourés de poissons et de coquillages et que les belles femmes nues sont des nymphes. Cela te plaît beaucoup, bien plus que l'inauguration du pont, l'année de ta naissance, en 1900, pour l'Exposition universelle de Paris. Mais quand je te dis que c'est Loubet qui l'a inauguré, tu as une pensée affectueuse pour un chat de ton enfance qui avait le nom de ce président de la République.

De l'autre côté, les Invalides brillent de tous leurs feux mais l'esplanade est déserte. Une voiture passe de temps en temps et vient briser le silence. Tu les décris gelés, ces Invalides, « braquant leurs canons morts ». Il faut dire que tu n'aimes pas Napoléon, et que tu t'es souvent moqué de lui dans tes poèmes.

Même si tu ne vas guère plus loin dans « Encore une fois sur le fleuve », nous nous devons pourtant d'aller jusqu'à la Tour Eiffel. Tu ne supportes pas qu'on en dise du mal. Je me rappelle l'urbaniste ridicule de *Lumière d'été*, qui écrit un pamphlet contre elle. Le peintre Roland Maillard (encore Pierre Brasseur) lui répond furieux : « Qu'est-ce qu'elle vous a fait, la Tour Eiffel ? » Une fois encore tu la regardes avec un air de connivence.

Puis nous revenons sur nos pas. Sur le Pont des Arts, nous apercevons un clochard, enveloppé dans une couverture. Il nous hèle en nous voyant. Il voudrait une pièce. Tu fouilles dans ta poche et donne au clochard émerveillé un billet. Il est du genre causant et toi aussi. Nous nous asseyons à côté de lui et nous parlons de tout. De Paris et de la Seine, du froid, du temps qu'il fait et du temps qui passe. Il regarde ton manteau. « Dis, donc, t'en as un chic manteau ! » Il tâte ta manche. « Et puis c'est de la belle étoffe ! Tu dois avoir chaud avec ça ». Tu enlèves ton manteau et tu le donnes à notre nouvel ami, un cousin du Roi des ponts. Je sais que ce geste tu l'as eu, pas pour imiter saint Martin, ce n'est pas ton genre, mais parce que tu es comme ça.

Était-ce par une nuit d'hiver aussi glaciale ? Le clochard, ébloui, ébahi, tient dans sa main le manteau et le regarde avec extase. Puis il le met, se prélasse dedans comme s'il avait revêtu le costume d'un prince des Mille et Une nuits et il nous regarde avec un grand sourire.

Comme j'ai vraiment peur que tu attrapes une pneumonie, nous quittons ce parent du Roi des ponts et nous accélérons le pas. Au niveau du Pont-Neuf nous voyons une femme qui regarde la Seine en frissonnant. Dans le poème tu supposes qu'elle pense à son amant. J'espère qu'elle ne va pas se jeter à l'eau, elle aussi. Visiblement elle est ailleurs, très loin de nous. Mais comme cette nuit nous avons le pouvoir de changer le cours des événements, nous décidons que son amant va venir la retrouver et qu'ils vont se réconcilier. Elle repartira blottie contre lui, heureuse à nouveau, dans la chaleur de l'amour.

Nous continuons jusqu'à l'île de la Cité où j'aperçois, chose incroyable, un petit bistrot ouvert à cette heure. Nous y entrons.

Une chaleur réconfortante nous envahit. Deux grogs pour nous réchauffer et nous discutons jusqu'au lever du jour avec le patron. Quand nous sortons, le soleil fait son entrée comme au début de ton poème et un remorqueur passe sur la Seine : « Encore une fois sur le fleuve / le remorqueur de l'aube / a poussé son cri ».

C'était une belle nuit. La plus belle nuit de mes rêves.

LES PORTES DE LA NUIT SE SONT OUVERTES

Tu as 68 ans au moment de l'insurrection de mai 1968. Encore un clin d'œil du Destin. La « très douce sorcière Nicotine », comme tu appelles joliment dans un collage la cigarette qui te détruit si doucement les poumons, commence à faire ses ravages. Tu n'as plus les moyens physiques de te mêler aux manifestants et d'arracher les pavés de Paris. Pourtant, cette insurrection, tu y participes à ta manière, encrier contre matraque.

Tout a commencé au Palais de Chaillot où est installée la Cinémathèque française, en face de ta chère tour Eiffel.

Le renvoi d'Henri Langlois a provoqué la colère de ceux qui travaillent pour le cinéma. Une manifestation est organisée le 14 février. Nicholas Ray marche en donnant le bras à Marcel Carné, les acteurs et les réalisateurs français les plus célèbres sont là. Beaucoup envoient leur soutien depuis l'autre côté de l'Atlantique comme Chaplin, Kubrick ou Orson Welles. La manifestation est violemment réprimée. Moins de trois mois après débutent ce qu'il est convenu d'appeler « les événements de mai ».

Tu n'es plus l'homme vigoureux du groupe Octobre qui défilait dans Paris avec les ouvriers en lutte mais tu te sens toujours aussi proche d'eux. Tu décides de manifester ta solidarité avec les insurgés en publiant plusieurs textes qui paraissent aussitôt dans divers journaux. Siné et Wolinski ont apporté à Jean-Jacques Pauvert le projet de *L'Enragé*. Il est mis en vente dans la nuit du 24 au 25 mai, au cours de la manifestation qui va de la Gare de Lyon à la place de la Bastille. Il comporte un texte de toi, « L'Extraordinaire Sang-froid », où tu évoques les violences policières.

Tu es là, avec eux, un peu comme Victor Hugo était auprès des Mexicains qui résistaient à l'armée impériale française en brandissant *Napoléon-le-Petit*. Tu aimes la fraternité qui s'instaure entre étudiants et ouvriers. Comme le petit de l'hirondelle dans ton poème « Événements », tu leur cries : « Restez unis ! » et tu trouves que ce printemps est plein de promesses. Tu aimes aussi le côté utopique et rêveur de certains slogans : « sous les pavés, la plage ». Sous les pavés, la page ?

Le génie de la Bastille regarde la foule déchaînée comme s'il regardait la mer.

Tu parles beaucoup du temps et tu sembles parfois le défier. Tu le nies, tu l'inverses, tu l'emmêles, tu en montres la relativité. Le Paris de 1928 vient côtoyer celui de 1959 dans *Paris la belle*, ce court métrage réalisé par ton frère Pierre et commenté par toi, tu ressuscites avec Marcel Carné le Paris du XIXe siècle et son boulevard du Crime dans *Les Enfants du paradis*, vous montrez au spectateur de 1946 le Paris de son époque dans *Les Portes de la nuit*.

As-tu jamais cessé, comme tu le dis dans *Grand Bal du printemps*, de « tempérer l'espace » et d'« espacer le temps » ?

Ces « étranges étrangers » auxquels tu rends hommage contribuent à faire de Paris une cité internationale. Les photographes avec lesquels tu composes des livres sur cette ville viennent tous d'ailleurs : Izis, le Lituanien, pour *Grand Bal du printemps*, Peter Cornelius l'Allemand, pour *Couleurs de Paris*, Romain Urhausen le Luxembourgeois pour *Les Halles*. Peut-être parce qu'ils la découvrent sans préjugés, avec un regard neuf, enfantin et lucide. Comme Izis, Peter Cornelius veut montrer le Paris de tous les jours et pas celui des touristes. Mais quand il te demande si le titre *Paris sans la tour Eiffel* te conviendrait, tu dis préférer *Couleurs de Paris* et tu lui réponds, dans *Les Halles*, par l'intermédiaire d'un personnage : « C'est rien, Paris, sans la Tour ».

Tu aimes le Paris qu'on ne visite pas, le Paris méconnu et celui des pauvres gens mais tu n'adoptes pas non plus le dédain de certains pour les monuments et les lieux célèbres.

La Tour Eiffel est relativement jeune dans ce Paris intemporel mais les Halles sont jugées trop vieilles et tu assistes à leur condamnation à mort. Mort comme une autre, peut-être. Tu sais que tout s'en va, que toi aussi, un jour, tu t'en iras. Comme tu le dis avec humour dans *Les Halles*, ce n'est pas le temps qui passe, c'est nous qui passons.

Même malade tu n'as pas voulu trop t'éloigner de cette ville devenue souvent, dans tes poèmes, un personnage. « Montre seulement ma joie de vivre, malgré mes peines, mes tourments », dit-elle à Peter Cornelius en prenant la parole.

Tu es parti t'installer au Cap de la Hague, à Omonville-la-Petite, parce que, disais-tu, c'est le Finistère le plus proche de Paris.

Dans la ville que tu as tant aimée, je te sais présent à chaque carrefour, à chaque pont, devant Notre-Dame ou près de la Seine. Tu es là. Tu te promènes avec moi comme tu te promenais avec Robert Desnos après sa mort. La nuit, le jardin du Luxembourg ouvre ses grilles rien que pour toi. Dans ce jardin il n'y a plus de présent ni de passé. Les portes de la nuit s'ouvrent sur des soleils.

BIOGRAPHIE SUCCINCTE

1900 : Naissance de Jacques Prévert à Neuilly-sur-Seine, le 4 février.

1925-1930 : Participe aux activités du groupe surréaliste.

1932-1936 : Acteur et principal auteur du Groupe Octobre, petite troupe théâtrale qui soutient les luttes sociales.

Années 1930 et 1940 : Écrit beaucoup pour le cinéma (scénarios notamment pour Pierre Prévert, Pottier, Renoir, Carné, Grémillon, Grimault, Christian-Jaque).

1946 : *Paroles* en librairie. Immense succès. Suivront *Spectacle*, *La Pluie et le Beau Temps*, *Histoires*, *Fatras* (avec des collages), *Choses et autres*, de nombreux livres avec peintres et photographes.

1977 : Meurt d'un cancer du poumon à Omonville-la-Petite (Manche), le 11 avril.

1980 : Premier recueil posthume : *Soleil de nuit*. D'autres suivront : *La Cinquième Saison*, *Octobre*.

BIBLIOGRAPHIE

Œuvres de Prévert

Tous les recueils de Jacques Prévert sont disponibles dans les collections Le Point du Jour et Folio de Gallimard : *Paroles, Spectacle, Grand Bal du printemps suivi de Charmes de Londres, La Pluie et le Beau temps, Histoires et d'autres histoires, Fatras, Imaginaires, Choses et autres, Soleil de nuit, La Cinquième saison.*

Et aussi :

- *Hebdromadaires*, avec André Pozner, Nouvelle édition revue et augmentée, Paris, Folio, 1987.

- *Octobre, sketches et chœurs parlés (1932-1936)*, édition d'André Heinrich, Gallimard, 2007.

On trouvera également de nombreux livres de Prévert illustrés chez Gallimard jeunesse.

L'ensemble des livres publiés par Prévert (à l'exception des scénarios de cinéma) se retrouvent dans les 2 volumes de la Bibliothèque de la Pléiade :

-*Œuvres complètes*, 2 volumes, 1992 et 1996 (constamment réédités, revus et corrigés). Édition d'Arnaud Laster et de Danièle Gasiglia-Laster. Très large appareil critique : préface, chronologie, accueil par la presse, notices, notes.

Quelques scénarios de films dont Paris est le décor :

- *Le Crime de M. Lange - Les Portes de la nuit*, Folio, 1998.

- *Les Enfants du paradis*, édition de Carole Aurouet, Hors série-Littérature, Gallimard, 2012.

Dvd

Pierre Prévert, *Mon frère Jacques*, nouvelle version restaurée par Catherine Prévert, avec *Paris la belle*, *Paris mange son pain*, et d'autres films, Doriane, 2004.

Ouvrages sur Prévert

Eugénie Bachelot Prévert et N.T. Binh (dir.), *Jacques Prévert. Paris la belle*, Flammarion, 2008.

Bernard Chardère, *Jacques Prévert / inventaire d'une vie*, Découvertes Gallimard, 1997.

Danièle Gasiglia-Laster, *Jacques Prévert, celui qui rouge de coeur*, Séguier, 1994.

Danièle Gasiglia-Laster, « Le Paris réel et surréel de Jacques Prévert », dans *Guide du Paris surréaliste*, sous la direction d'Henri Béhar, éditions du patrimoine, Centre des monuments nationaux, 2012.

Danièle Gasiglia-Laster, *Jacques Prévert*, Alexandrines, 2014 (livre numérique).

Jean-Claude Lamy, *Prévert / les frères amis*, Robert Laffont, 1997.

INDEX DES LIEUX CITÉS

Les éditions Alexandrines
Une géographie littéraire de la France

Collection *Sur les pas des Écrivains*

Balade dans l'Aisne
Balade dans les Ardennes
Balade en Bretagne nord
Balade en Gironde
Balade en Limousin
Balade en Midi-Pyrénées I
Aveyron, Lot, Tarn, Tarn-et-Garonne
Balade en Midi-Pyrénées II
Ariège, Haute-Garonne, Gers, Hautes-Pyrénées
Balade à Nice et dans les Alpes-Maritimes
Balade en Oise
Balade en Pas-de-Calais
Balade en Provence
Balade en Région Centre
Balade en Val-de-Marne
Balade en Val-d'Oise
Balade dans le Var
Balade en Yvelines
La Bretagne des Écrivains, de Vannes à Brest
La Corse des Écrivains
La Loire-Atlantique des Écrivains
La Manche des Écrivains
La Somme des Écrivains
Le Calvados des Écrivains
Le Gard des Écrivains
La Seine-et-Marne des Écrivains
Le Paris des Écrivains
Brest des Écrivains
Marseille des Écrivains
Toulouse des Écrivains
Bordeaux des Écrivains

Collection *Le Paris des Écrivains*

PARUTION EN 2015

Le Paris de Cocteau, par Dominique Marny
Le Paris de Dumas, par Claude Schopp
Le Paris de Duras, par Alain Vircondelet
Le Paris de Modiano, par Béatrice Commengé
Le Paris de Prévert, par Danièle Gasiglia-Laster
Le Paris de Proust, par Michel Erman
Le Gay Paris, par Robert Olorenshaw
Le Paris de Sartre et Beauvoir, par Pascale Fautrier
Le Paris de Sagan, par Alain Vircondelet

et à paraître :
Le Paris de Balzac
Le Paris de Rimbaud et Verlaine

ISBN : 9782370890177

Achevé d'imprimer en mai 2015 par Corlet, Imprimeur, S.A. - 14110 Condé-sur-Noireau
N° d'Imprimeur : 173755 - Dépôt légal : avril 2015 - *Imprimé en France*